일러두기

• iPadOS 업데이트 버전에 따라 화면이 다를 수 있습니다.

• 이 책의 정오표는 이지스퍼블리싱 홈페이지(www.easyspub.co.kr)의 [자료실]에서 확인할 수 있습니다.

• 오탈자 제보는 'Do it! 스터디룸(cafe.naver.com/doitstudyroom)'의 [아이패드 활용법] 게시판을 이용해 주세요.

능력과 가치를
높이고 싶다면
된다!

된다!

톡써니의

아이패드

24시간

활용법

보람찬 일상, 업무 시간을 아껴줄 만능 비서!

홍정희(톡써니) 지음

이지스퍼블리싱

능력과 가치를 높이고 싶다면
된다! 시리즈를 만나 보세요.
성장하려는 당신을 돕겠습니다.

된다! 톡써니의 아이패드 24시간 활용법
Gotcha! TalkSunny's 24-hour iPad Usage

개정판 발행 • 2024년 3월 18일

초판 발행 • 2023년 1월 11일

지은이 • 홍정희
펴낸이 • 이지연
펴낸곳 • 이지스퍼블리싱(주)
출판사 등록번호 • 제313-2010-123호
주소 • 서울특별시 마포구 잔다리로 109 이지스빌딩 4층(우편번호 04003)
대표전화 • 02-325-1722 | **팩스** • 02-326-1723
홈페이지 • www.easyspub.co.kr | **페이스북** • www.facebook.com/easyspub
Do it! 스터디룸 카페 • cafe.naver.com/doitstudyroom | **인스타그램** • instagram.com/easyspub_it

총괄 및 기획 • 최윤미 | **책임편집** • 이수경, 지수민 | **IT 1팀** • 임승빈, 이수경, 지수민
교정교열 • 안종군 | **표지 및 본문 디자인** • 트인글터 | **인쇄** • 보광문화사
마케팅 • 박정현, 한송이, 이나리 | **독자지원** • 박애림, 오경신 | **영업 및 교재 문의** • 이주동, 김요한(support@easyspub.co.kr)

ISBN 979-11-6303-559-6 13000
가격 16,800원

아이패드, 어디까지 사용해 봤나요?

일정을 척척 관리하는 나만의 비서,
계속 써도 닳지 않는 필기 노트,
내 집을 유치원으로 만드는 아이 교육 프로그램,
탭 한 번이면 원하는 대로 꾸밀 수 있는 다이어리까지!

아이패드 하나로 새로운 일상을 시작하세요!

총 조회수 1,100만! 구독자 7만!

IT/테크 대표 유튜버 톡써니의
아이패드 200% 활용법을 소개합니다!

2018년 톡써니 채널을 개설한 이래 오늘도 최신 기기를 소개하고 기기를 잘 사용하는 방법을 담은 영상을 제작하고 있습니다. 다양한 카테고리의 전자 기기 리뷰를 하고 있지만 그 중에서도 아이패드 사용법 영상이 많은데요. 아이패드를 좋아하고 즐겨 쓰다 보니 자연스럽게 제가 사용하고 있는 방법들을 영상에 담기 시작했고, 아이패드를 활용해 일상을 다채롭게 하는 방법에 대해 고민하게 되었습니다.

저도 매번 공부하면서 느끼지만, 기기를 단순히 '사용'하는 것과 잘 '활용'하는 것은 매우 다릅니다. 똑같은 기기를 나란히 두고 사용해도 어느 정도의 지식을 갖고 활용하느냐에 따라 기기의 가치가 달라지게 되니까요. 이 책의 목적은 비싸게 구입한 아이패드를 단순히 영상 시청용으로만 쓰지 않고, 200% 활용해 우리 생활의 곳곳에서 쓸 수 있도록 만드는 것에 있습니다. 이 책을 통해 아이패드를 여러 목적에 맞게 활용해 보셨으면 좋겠습니다.

아이패드 첫걸음을 위한 길라잡이가 되어 드릴게요!
구매 방법부터 설정까지 세세히 준비했습니다!

아이패드는 가격이 만만치 않아서 '어떤 걸 구입해야 할까?', '잘 사용할 수 있을까?' 이런 고민부터 할 텐데요. 이렇듯 시작조차 망설여지는 아이패드 입문자를 위해 구입하는 과정부터 소개하고 활성화하면 좋을 설정까지 추천해 드립니다. 이 책의 1장과 2장만 봐도 낯설고 불편하게 느껴졌던 아이패드가 금세 익숙해질 것입니다. 이로써 아이패드를 본격적으로 활용할 준비가 모두 끝난답니다.

아이패드만 잘 활용해도 삶의 질이 좋아진다!
굿노트로 쓰는 다이어리부터 프로크리에이트로 그리는 나만의 작품까지!

아이패드를 단순히 넷플릭스, 유튜브를 시청하는 용도로만 사용하지 말고 다양하게 활용해 보세요. 직장인이라면 업무 파트너로, 학생이라면 공부를 도와주는 필기 노트로, 엄마 아빠라면 아이

교육을 할 때 보조 선생님으로 사용할 수 있어요. 이 밖에 영상 편집하기, 그림 그리기, 다이어리 쓰기 등을 하며 여가 시간을 알차게 보낼 수도 있죠! 어느 순간 아이패드에 푹 빠져 날마다 곁에서 함께하는 자신을 발견할 거예요!

연결할수록 강해지는 아이패드를 경험하세요!
아이폰, 맥북은 물론 안드로이드, 윈도우와 연동해서 사용할 수 있어요!

휴대폰과 PC를 아이패드와 연동하면 집에서도, 사무실에서도, 길을 걸어가면서도 똑같은 환경에서 사용할 수 있어요. 애플 계정을 공유하는 아이폰, 맥북은 말할 것도 없거니와 안드로이드 휴대폰이나 윈도우 PC와도 조합해 사용할 수 있답니다. 그래서 다른 기기와 아이패드의 연동성을 끌어올릴 수 있는 방법을 5장에 담았습니다. 처음에는 조금 헷갈릴 수도 있지만 사용하다 보면 '아이패드 사길 잘했구나!' 하는 마음이 들 거예요!

IT/테크 대표 유튜버! 톡써니의 동영상과 함께 보면 아이패드 활용 능력 200% 상승!
어려운 부분은 동영상을 함께 보세요!

아이패드가 낯설어 막막해하는 분을 위해 동영상을 준비했습니다. 실습 과정에서 헷갈릴 수 있는 부분은 동영상으로 한번 더 상세하게 설명했습니다. QR코드를 스캔하면 관련 영상으로 바로 이동할 수 있어요.

[개정판을 내며]

아이패드 실용서 집필에 대한 제의를 받은 이후, 이 책이 탄생하기까지 오랜 시간이 걸렸습니다. 집필 중에도 여러 번의 iPadOS 업데이트로 수정을 거듭했던 기억이 나는데요. 이번 개정판을 내면서 iPadOS 17에 추가된 새로운 내용까지 담았습니다. 또 직접 사용해 보며 새롭게 알아낸 아이패드 사용 팁도 추가했어요. 아이패드 활용법, 이 책으로 어렵지 않게 배워 보세요!

마지막으로 오랜 시간 함께 해주신 이지스퍼블리싱 관계자 분들께 감사드립니다. 그리고 언제나 곁에서 도와준 가족에게도 감사하는 마음을 전합니다. 아이패드를 마스터하고 싶어 하는 분들께 이 책이 도움이 되었으면 좋겠습니다.

IT/테크 대표 유튜버 **톡써니** 드림

01

나의 첫 아이패드

01-1 나에게 맞는 아이패드 고르기 ⋯⋯⋯⋯⋯⋯⋯⋯ 10

01-2 아이패드 구매 전 Q&A ⋯⋯⋯⋯⋯⋯⋯⋯⋯⋯ 13

01-3 아이패드 상태 확인하기 ⋯⋯⋯⋯⋯⋯⋯⋯⋯⋯ 17

01-4 애플 계정 만들기 ⋯⋯⋯⋯⋯⋯⋯⋯⋯⋯⋯⋯⋯ 25

보너스 톡써니 추천! 아이패드 액세서리 ⋯⋯⋯⋯⋯ 28

02

아이패드 생활의 시작

02-1 iPadOS 17의 새로운 기능 살펴보기 ⋯⋯⋯⋯⋯ 31

02-2 아이패드의 기본 제스처 ⋯⋯⋯⋯⋯⋯⋯⋯⋯⋯ 39

02-3 앱 설치하기 ⋯⋯⋯⋯⋯⋯⋯⋯⋯⋯⋯⋯⋯⋯⋯ 54

02-4 나만의 아이패드 꾸미기 ⋯⋯⋯⋯⋯⋯⋯⋯⋯⋯ 63

02-5 톡써니의 아이패드 추천 설정 ⋯⋯⋯⋯⋯⋯⋯⋯ 80

02-6 저장 공간을 관리하는 아이클라우드 ⋯⋯⋯⋯⋯ 94

02-7 사파리와 친해지기 ⋯⋯⋯⋯⋯⋯⋯⋯⋯⋯⋯⋯ 100

02-8 메신저로 소통하기 ⋯⋯⋯⋯⋯⋯⋯⋯⋯⋯⋯⋯ 118

보너스 톡써니 추천! 아이패드 필수 유·무료 앱 ⋯⋯ 129

03

일잘러의 아이패드 활용법

03-1 중요한 메일을 놓치지 말자 ⋯⋯⋯⋯⋯⋯⋯⋯⋯ 132

03-2 일정을 똑똑하게 관리하자 ⋯⋯⋯⋯⋯⋯⋯⋯⋯ 139

03-3 메모는 업무의 기본! ⋯⋯⋯⋯⋯⋯⋯⋯⋯⋯⋯⋯ 141

03-4 문서 작업은 이렇게! ⋯⋯⋯⋯⋯⋯⋯⋯⋯⋯⋯⋯ 149

03-5 원격 근무도 문제 없는 제2의 PC! ⋯⋯⋯⋯⋯⋯ 161

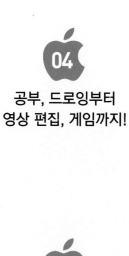

**공부, 드로잉부터
영상 편집, 게임까지!**

04-1 공부가 쉬워지는 아이패드 필기법 ················· 168

04-2 루마퓨전으로 영상 편집하기 ···················· 178

04-3 프로크리에이트로 드로잉하기 ··················· 187

04-4 굿노트로 다이어리 쓰기 ························· 195

04-5 아이를 위한 아이패드 설정하기 ················· 203

04-6 증강 현실, 게임용으로 사용하기 ················· 212

**스마트폰, PC와
연동하기**

05-1 아이패드와 아이폰, 맥북 ······················ 217

05-2 아이패드와 안드로이드 ························· 233

05-3 아이패드와 윈도우 ···························· 252

**상황별
문제 해결하기**

06-1 전원이 꺼지지 않아요 ·························· 264

06-2 아이패드를 초기화하고 싶어요 ················· 267

06-3 아이패드를 복원하고 싶어요 ··················· 272

06-4 기기를 잃어버렸어요 ·························· 275

06-5 아이패드 저장 공간이 부족하대요 ··············· 280

06-6 알아 두면 쓸모 있는 6가지 문제 해결법 ··········· 286

찾아보기 ······································· 296

이 책은 이렇게 보세요!

아이패드를 이미 구입했다면 02장부터 봐도 됩니다. 03~05장은 용도에 맞게 선택해 읽어 보세요!

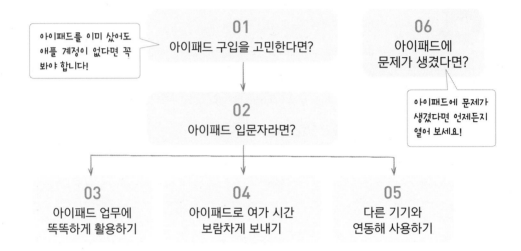

아이패드를 이미 샀어도 애플 계정이 없다면 꼭 봐야 합니다!

01
아이패드 구입을 고민한다면?

06
아이패드에 문제가 생겼다면?

아이패드에 문제가 생겼다면 언제든지 열어 보세요!

02
아이패드 입문자라면?

03
아이패드 업무에 똑똑하게 활용하기

04
아이패드로 여가 시간 보람차게 보내기

05
다른 기기와 연동해 사용하기

'Do it! 스터디룸'에 방문하세요!

나와 같은 고민을 하는 독자들과 다양한 이야기를 나눠 보세요. 'Do it! 공부단'에 참여해 스터디를 완주하고 후기를 남기면 이지스퍼블리싱의 다른 도서를 선물로 받아갈 수 있으니 참여해 보세요!

Do it! 스터디룸: cafe.naver.com/doitstudyroom

이지스퍼블리싱 공식 인스타그램에 방문하세요!

책과 관련된 정보가 주기적으로 업로드되는 블로그 공간입니다. 팔로우하고 다양한 소식과 이벤트를 만나 보세요!

인스타그램: instagram.com/easyspub_it

나의 첫 아이패드

 맥북의 휴대용 기기이자 아이폰의 큰 버전이라 불리던 아이 패드의 위상이 점점 높아지고 있습니다.

특히 아이패드를 구매할 때 고민을 많이 하게 되는 것 같은데요. 와이 파이 모델과 와이파이+셀룰러 모델 중 하나를 골라야 하고 크기도 선택해야 하기 때문이죠. 이 밖에도 애플케어플러스를 들어야 할지, 액세서리는 무엇을 구입해야 할지 고민해야 합니다. 아이패드를 구입한 후에도 아이패드에 이상이 없는지 반드시 확인해야 해요.

1장에서는 아이패드를 본격적으로 사용하기에 앞서 해야 하는 일들을 하나하나 살펴볼게요.

01-1 ★ 나에게 맞는 아이패드 고르기

01-2 ★ 아이패드 구매 전 Q&A

01-3 ★ 아이패드 상태 확인하기

01-4 ★ 애플 계정 만들기

보너스 톡써니 추천! 아이패드 액세서리

01-1

나에게 맞는 아이패드 고르기

맥북과 아이폰, 그 이상의 '아이패드'

2010년 1월 27일, 아이패드가 세상에 공개됐습니다. 스티브 잡스는 그날도 어김없이 청바지와 검은 티셔츠를 입고 나와 "아이패드입니다. 정말 얇지 않나요?"라고 말하면서 아이패드를 소개했습니다. 그로부터 14년이 지난 지금, 아이패드는 그 절반의 두께로 출시되고 있으니 스티브 잡스가 본다면 놀랄 수도 있겠네요(2010년형 아이패드 1세대 12.7mm, 2022년형 아이패드 프로 6세대 6.4mm).

자체 운영체제까지 갖춘 아이패드

단지 외형만 달라진 것이 아닙니다. 아이폰의 운영체제(iOS)를 빌려 사용하던 한계를

벗어나 2019년에는 아이패드 운영체제(iPadOS)를 공개했습니다. 이제는 읽고 쓰기가 모두 가능하게 됐으니 '진정한 맥북과 아이폰, 그 가운데의 선택지'가 아닌가 싶습니다. 아니, 어쩌면 '맥북의 자리를 위협하는 아이패드'일 수도 있겠습니다. 현재 맥북과 아이패드에 동일한 M2 칩셋을 사용하고 있고 비슷한 가격대의 맥북과 아이패드를 견줘 보았을 때 아이패드의 성능이 맥북을 훨씬 뛰어넘는 경우도 있기 때문입니다. 이것이 바로 가볍고 얇고 빠른 아이패드가 주목받는 이유입니다.

강력함을 더하는 애플 펜슬

더욱이 아이패드는 애플 펜슬이라는 강력한 보조 도구를 함께 사용할 수 있어서 세대 구분 없이 남녀노소가 활용하는 아이템이 됐습니다. 아이패드를 이용해 강의 내용을 필기하고 과제를 하고 그림을 그리고 디자인을 할 수도 있죠. 그뿐 아니라 아이패드를 이용해 회의를 하거나, 책을 보며 밑줄을 긋고 일기를 쓸 수도 있습니다.

저는 포토샵으로 사진을 편집할 때, 다이어리를 쓸 때, 아이에게 그림을 그리게 할 때, 회의를 할 때, 온라인으로 서류에 서명하고 제출할 때 등 다양한 순간에 애플 펜슬을 이용하는데요. 이러한 기능들은 아이맥, 맥북에서 누리기 어려운 장점이기 때문에 아이패드와 애플 펜슬의 궁합을 적극 추천합니다.

아이맥, 맥북, 아이폰, 아이패드 모두를 사용하는 사용자로서 아이패드의 터치가 되는 디스플레이, 손을 자유롭게 하는 키보드와의 연결성, 애플 펜슬이라는 도구적 편리함은 아이패드가 아이폰이나 맥을 능가하게 만드는 요소라 말할 수 있습니다. 이 모든 것들과 휴대성을 함께 아우르니 그 편리함을 경험한다면 지금의 저처럼 아이패드와 한몸이 돼 생활하게 될 수도 있어요.

아이패드 종류 알아보기

아이패드 라인업은 크게 아이패드, 아이패드 미니, 아이패드 에어, 아이패드 프로로 나뉩니다. 용도에 필요한 제품의 크기, 무게, 성능 순으로 내게 맞는 아이패드를 선택하는 것이 좋습니다.

아이패드

가장 대중적인 아이패드입니다. 4가지 라인업 중 가장 저렴하며 교육 현장에서도 많이 사용되고 있는데요. 애플 교육 할인으로 구매하면 가성비가 더 좋습니다. 프로세서도 가장 기본적인 용도로 사용하기에 훌륭한 편이라 아이패드 입문용으로 추천합니다.

아이패드 미니

4가지 라인업 중 가장 작은 크기의 아이패드입니다. 미니 6세대 기준 8.3인치로 휴대폰보다 조금 큰 크기입니다. 그런데 성능은 크기와 비례하지 않는데요. 아이폰 14와 동일한 A15 바이오닉 칩이 탑재돼 있습니다. 게임, 영상 시청 등을 목적으로 한다면 추천하는 기종입니다.

아이패드 에어

기본 아이패드보다 무게와 베젤(bezel)을 줄인 제품으로, GPU, RAM 등 세부 스펙도 조금씩 다릅니다. 특히 베젤이 얇아 화면 몰입도가 높다는 장점이 눈에 띕니다. 아이패드 프로급의 최고 사양까지는 필요하지 않으면서 아이패드의 보급형 사양보다 스펙을 높이고 싶다면 아이패드 에어를 추천합니다.

> 액정 화면을 감싸고 있는
> 이 부분을 베젤이라 해요!

아이패드 프로

아이패드 라인업 중 최고 스펙을 갖고 있습니다. 맥에도 들어간 최신 칩셋인 M2 칩이 탑재돼 있으며 CPU와 GPU의 성능이 놀라울 만큼 빠르고 쾌적합니다. 디스플레이의 선명함, 스피커의 웅장함 등 모든 것이 최고의 스펙을 자랑합니다. 주로 영상 및 그림 작업을 하거나 고사양 게임을 즐기는 용도로 추천합니다.

톡써니의

톡톡 꿀팁!

사양을 쉽게 비교하고 싶어요!

애플 공식 홈페이지에서 [iPad → iPad 비교하기]를 클릭해 보세요. 고민 중인 제품을 직접 선택해 사양을 비교할 수 있습니다.

iPad Air(5세대)	iPad(9세대)	iPad mini(6세대)
요약		
27.5cm	25.9cm	20.1cm
Liquid Retina 디스플레이	Retina 디스플레이	Liquid Retina 디스플레이
넓은 색영역(P3)	—	넓은 색영역(P3)
True Tone	—	True Tone
반사 방지 코팅	—	반사 방지 코팅
M1	A13	A15

01-2

아이패드 구매 전 Q&A

와이파이 모델과 셀룰러 모델의 차이가 궁금해요!

아이패드를 구매할 때는 와이파이(Wi-Fi)와 와이파이+셀룰러(Wi-Fi + Cellular) 중 하나를 선택해야 하는데요. 처음 아이패드를 구입한다면 정말 고민되는 부분입니다. '가격이 좀 더 저렴한 와이파이 모델로 구매할까?', '어디서든 데이터를 사용할 수 있는 셀룰러 모델이 편리할까?' 아이패드는 옵션에 따라 가격 차가 꽤 나기 때문에 저도 처음에는 한참 동안 고민했었어요.

이럴 땐 아이패드의 사용 환경에 따라 구매하면 됩니다. 아이패드를 주로 집, 카페 등 와이파이가 잘 터지는 환경에서 사용한다면 와이파이 모델을 추천합니다. 가끔 외출할 때는 휴대폰 테더링으로 와이파이를 이용하면 되기 때문입니다. 하지만 외부에서 아이패드로 작업할 일이 많다면 와이파이+셀룰러 모델을 추천합니다. 와이파이 연결 과정 없이 스마트폰처럼 LTE나 5G를 통해 인터넷을 이용할 수 있습니다.

저는 아이패드와 거의 한몸처럼 생활하기 때문에 와이파이+셀룰러 모델을 선택했는데요. 밖에서도 와이파이를 따로 잡지 않아도 되어 편리하고 가끔 휴대폰 배터리가 닳아 전원이 꺼졌을 때 아이패드가 구원해 준 적도 많습니다. 2018년부터 아이패드에서 카카오톡 앱이 지원되기 시작하면서 와이파이+셀룰러 모델에 더 큰 만족감을 느끼고 있습니다.

톡써니의 톡톡 꿀팁!

데이터 요금이 얼마나 들까요?

와이파이+셀룰러 모델을 구입하면 유심을 끼워 스마트폰처럼 어디서든 아이패드를 사용할 수 있습니다. 기존 스마트폰 요금제의 데이터를 이용하는 방식인데요. 통신사에서 유심을 발급받아 기기 1대를 추가로 등록해 사용하는 겁니다. 이 밖에도 기본 휴대폰 요금제가 높다면 휴대폰 외 기기 1대까지 데이터를 무제한으로 이용할 수 있는 서비스도 있어요. 저는 기본 휴대폰 요금제를 높지 않게 사용하고 있기 때문에 추가로 5,000원을 지불하고 휴대폰과 아이패드 데이터를 연결해 사용하고 있습니다. 통신사 요금제에 따라 서비스가 다양하므로 통신사 웹 사이트나 가까운 대리점에 문의해 보는 것도 좋은 방법이에요.

학생인데 할인받는 방법 없을까요?

대학 재학생과 신입생, 그 학부모, 교직원 등은 애플 교육 할인 혜택을 이용할 수 있습니다. 검색 창에 애플 교육 할인 스토어를 검색해 보세요. 해당 웹 사이트에 들어가 보면 동일 제품이 맞나 싶을 정도로 할인된 금액을 볼 수 있는데요. 특히 신학기 시즌에는 추가로 에어팟, 애플 펜슬과 같은 사은품이 증정됩니다. 애플케어플러스 또한 20% 할인된 가격으로 가입할 수 있으니 혜택은 꼭 챙기는 것이 좋겠죠?

〈애플 교육 할인〉
영상 보기

하면 된다! } 교육 할인 인증하기

01 애플 교육 할인 스토어에 접속합니다.

02 학교 ID와 비밀번호로 가입한 후 메일 수신을 승인합니다.

❶ 입력

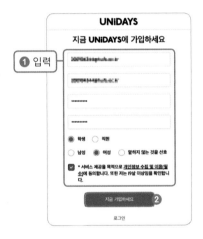

03 인증 메일이 오면 [지금 인증]을 클릭해 인증을 완료합니다.
이제 할인된 가격으로 애플 기기를 구입할 수 있습니다!

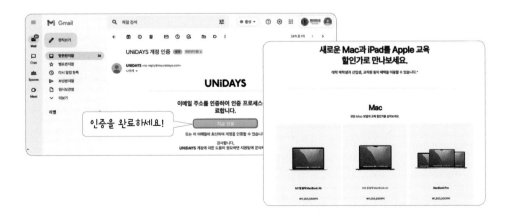

인증을 완료하세요!

애플케어플러스, 꼭 가입해야 할까요?

애플케어플러스(AppleCare+)는 아이패드가 고장날 수 있는 상황에 대비해 제품 구입 시 미리 보험료를 내는 제도입니다.

물론 애플케어플러스에 가입하지 않아도 기기의 결함에 한해 1년간의 무상 수리라는 제한 보증이 적용됩니다. 그런데 보장 조건에 사용자의 과실로 인한 고장은 포함하지 않는다는 아쉬움이 있죠.

반면, 애플케어플러스는 기기 결함 외에 사용자의 과실을 포함한 모든 고장에 대해서도 2년 보장이 적용됩니다. 사용자가 실수로 기기를 떨어뜨려 파손되더라도 가입하지 않은 경우보다 훨씬 저렴한 금액으로 A/S를 받을 수 있습니다.

〈애플케어플러스〉
영상 보기

저는 아이패드의 애플케어플러스를 추천하는 편인데요. 가입 하나로 아이패드, 호환 애플 키보드, 애플 펜슬 이렇게 총 3가지 제품에 대해 보증을 받을 수 있기 때문입니다. 이때 주의해야 할 점은 애플케어플러스는 아이패드 구입 후 60일 이내에만 가입할 수 있다는 건데요. 그래서 우스갯소리로 "보증 기간을 최대한 늘리려면 60일이 되기 직전, 50일 즈음에 가입하세요!"라고 말씀드리기도 해요. 물론 50일 동안 제품을 고장내지 않는다는 전제하에 말이죠. 애플케어플러스 비용은 종류별로 다르게 책정되어 있습니다. 아이패드 프로는 11형 189,000/12.9형 209,000원, 아이패드 에어는 129,000원, 아이패드와 아이패드 미니는 109,000원입니다.

톡써니의
**톡톡
꿀팁!**

오픈마켓에서나 중고로 구입해도 애플케어플러스에 가입할 수 있나요?

아이패드를 오픈 마켓(네이버 쇼핑, 쿠팡 등)에서 구매한 경우에도 애플케어플러스에 가입할 수 있습니다. 단, 여기서도 구매한 지 60일이 넘지 않아야 하고 오픈 마켓에서 구매한 영수증을 갖고 있어야 합니다.

중고 거래로 아이패드를 구매한 경우에도 중고 판매자가 아이패드를 구입한 날짜를 기준으로 60일이 지나지 않았다면 애플케어플러스에 가입할 수 있어요. 애플케어플러스를 염두에 두고 있다면 중고 거래 시 제품 구입일을 반드시 확인하세요!

01-3

아이패드 상태 확인하기

아이패드를 구입한 후 가장 먼저 해야 할 일은 불량 여부를 확인하는 것입니다. 초기에 발견하지 못한 결함을 뒤늦게 발견해서 제품을 교환해야 한다면 애플 서비스 센터의 불량 확인을 추가로 받아야 하기 때문입니다. 애플의 정책상 제품 구입 후 14일 이내라면 어떤 이유로든 무조건 환불 또는 교환할 수 있습니다. 하지만 제품의 외관 손상과 결함이 14일 이내에 발견되지 않으면 교환이나 무상 수리가 어려우니 제품을 구입하자마자 자세히 살펴보는 게 좋겠죠?

 무조건 환불은 애플 공식 홈페이지 및 애플 스토어에서 구입한 경우에만 가능합니다. 좀 더 자세한 내용은 '아이패드 교환/환불 방법'에서 확인하세요.

아이패드를 켜기 전에 확인하세요!

1. 외관상 스크래치, 마감, 버튼 확인하기

제품에 흠집이 없는지 불빛을 비춘 후 구석구석 살펴보세요. 전원 버튼 사이를 꼼꼼하게 살펴보고 볼륨 버튼도 문제 없이 잘 눌리는지 확인하세요. 또한 조명에 비춰 보면서 액정의 스크래치 유무를 확인하세요.

손상 등 하자를 쉽게 증명하기 위해 처음 제품을 개봉할 때 영상으로 남기는 것을 추천합니다.

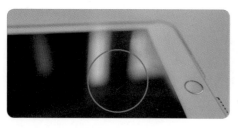

2. 휨·들뜸 현상 확인하기

최근 출시되고 있는 아이패드는 두께가 정말 얇습니다. 따라서 제품이 휘어지지 않았는지 확인할 필요가 있는데요. 아이패드를 편평한 바닥에 두고 모서리부터 중앙까지 꼼꼼하게 손가락으로 눌러 보세요. 액정을 눌러 보면서 액정 디스플레이가 들떠 있는지도 꼭 확인하세요!

아이패드를 켜자마자 확인하세요!

아이패드 외관에 이상이 없다면 이제 아이패드를 켜 보세요. 액정이나 충전 단자에도 하자가 없어야겠죠?

1. 불량 화소 확인하기

불량 화소 테스트를 통해 화면에 결함이 있는지 확인하세요. 실제로 불량 화소 때문에 제품을 구입하자마자 교환하는 경우도 있습니다.

유튜브에 불량 화소 테스트를 검색해 보세요. 영상을 재생한 후 색상이 변할 때마다 일시 정지해 검은색 점이나 균일하지 않은 색감이 있는지 확인합니다.

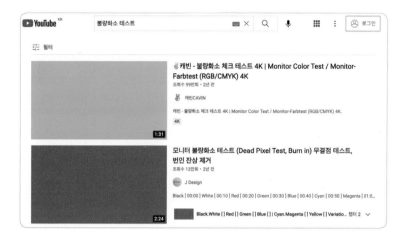

맥북에서 불량 화소 테스트를 해보세요!

맥북은 모니터 무결점 테스트 사이트(monitor.co.kr)에서 불량 화소, 빛샘, 멍 등을 간편하게 확인할 수 있습니다. 맥북에서 전체 화면 보기는 `Fn` + `Ctrl` + `F11`을 누르면 됩니다. 애플 기기뿐 아니라 모든 종류의 모니터를 테스트할 수 있습니다.

2. 빛샘 확인하기

빛샘 현상은 화면에서 빛이 미세하게 새어 나오는 것을 말합니다.

빛샘을 확인하기 위해 유튜브 또는 검색 엔진에서 BLACK SCREEN을 검색합니다. 밝기를 최대치로 설정한 후 주변 조명을 어둡게 하고 아이패드의 화면을 확인하세요.

검은색이 제대로 표현되지 않고 희미한 빛이 보이죠?

3. 터치 불량 확인하기

아이패드에는 다양한 터치 불량 사례가
있습니다. 터치 민감도가 떨어지거나 입
력 지연이 발생하는 경우도 있고, 애플 펜
슬이 인식되지 않는 경우도 있어요.
화면의 가장자리 및 상하좌우를 터치해
이상이 있는지 확인해야 합니다. 메모 앱
을 열어 화면의 모든 부분에 낙서를 해보
는 것도 하나의 방법입니다.

4. 충전 단자 확인하기

아이패드 사용 전 충전 단자 확인은 필수입니다. 충전 단자의 내부에 이물질이 있는지
확인한 후 정상적으로 충전되는지 확인합니다.

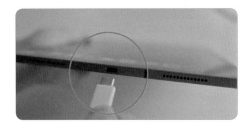 

5. 배터리 성능 확인하기

배터리 성능의 최대치는 제품을 사용할수록 줄어듭니다. 사용자의 패
턴에 따라 배터리 수명이 달라지는데요. 새 제품이라면 배터리 성능
최대치가 당연히 100%여야겠죠?

〈배터리 성능 확인〉
영상 보기

하면 된다! } 아이패드 배터리 성능 확인하기

01 맥에서 아이패드 배터리 성능 확인하기

맥에서 코코넛 배터리 사이트(coconut-flavour.com)에 접속한 후 coconutBattery 3을 다운로드합니다.

추가 기능을 사용하면 유료, 배터리 체크만 하면 무료입니다!

02 맥과 아이패드를 유선으로 연결합니다.
아이패드에서 [신뢰]를 탭한 후 맥에서 coconutBattery 3을 실행합니다.

윈도우 PC에서 확인하는 방법도 바로 뒤에 나옵니다!

03 [Full Charge Capacity]에 나타나는 배터리 성능을 확인합니다.

80% 이하로 떨어졌다면 배터리 교체를 권장해요!

04 윈도우 PC에서 아이패드 배터리 성능 확인하기

3uTools 사이트(www.3u.com)에 접속한
후 3uTools를 다운로드해 설치합니다.

05 아이패드와 PC를 유선으로 연결합니다. 아이패드에서 팝업 창의 [신뢰]를 탭하세요. 3uTools를 실행한 후 [Battery Life]에서 배터리 효율을 확인합니다.

톡써니의
**톡톡
꿀팁!**

아이패드 배터리 성능 최대치가 80% 이하인데 어떡하죠?

국내에선 아이패드 배터리 수리 및 교체 대상일 경우 무조건 리퍼 제품으로 교환해 줍니다. 보통 배터리 성능 최대치가 80% 이하면 교체를 권장하는데요. 애플케어플러스에 가입했고 보증 기간이 지나지 않았다면 배터리를 무료로 교체할 수 있습니다. 애플케어플러스에 가입하지 않았다면 일정 금액을 지불해야 아이패드 리퍼 서비스를 받을 수 있습니다.

톡써니의 **톡톡 꿀팁!**

아이폰, 맥북의 배터리 성능도 확인해 보세요!

아이폰과 맥북의 배터리 성능은 어떻게 확인할 수 있을까요?

아이폰: [설정 → 배터리 → 배터리 성능 상태]를 탭하면 배터리 성능의 최대치를 알 수 있습니다.

맥북: [Apple 메뉴 🍎 → 이 Mac에 관하여 → 시스템 리포트 → 하드웨어 → 전원]을 누른 후 배터리 정보에서 사이클 수를 확인합니다.

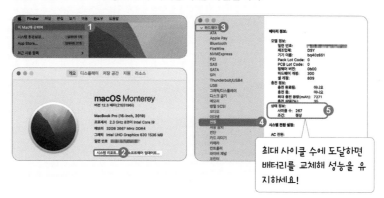

> 최대 사이클 수에 도달하면 배터리를 교체해 성능을 유지하세요!

아이패드 교환/환불 방법

앞서 소개한 확인사항을 모두 살펴본 후 불량을 발견하면 교환/환불을 받을 수 있습니다. 구매한 곳마다 교환/환불 방법이 다르니 그 기준을 꼭 알아 둬야 합니다.

구매 장소	교환/환불 조건
애플 공식 홈페이지, 애플 스토어 (가로수길, 여의도, 명동 등)	수령 후 14일 이내 기본 구성품 체크 및 제품 고장 여부 현장 확인 후 환불 가능
리테일 셀러 (프리스비, 넵튠 등)	• 셀러마다 규정이 다름 • 일반적으로 10~14일 이내 제품 미개봉 상태인 경우만 환불 가능. 제품 하자 시 교환 및 반품 가능
오픈 마켓 (쿠팡, 위메프, 기타 개별 사이트)	애플 서비스 센터에서 불량 판정을 받아야만 14일 이내 환불 가능

공식 홈페이지와 애플 스토어에서 구입하면 14일 이내에 교환/환불이 자유롭다는 장점이 있습니다. 하지만 가격 할인이나 쿠폰 등 프로모션 혜택을 받을 수 없다는 단점도 있습니다. 한편, 리테일 셀러와 오픈 마켓은 공식 홈페이지나 애플 스토어 대비 가격이 저렴하고 무이자 할부 기간 등 각종 구매 혜택을 받을 수 있는 장점이 있습니다. 하지만 제품에 불량이 있을 경우에도 애플 서비스 센터에서 제품 불량 판정을 직접 받아와야만 교환/환불을 할 수 있다는 단점이 있죠. 각 판매처의 장단점을 파악한 후 신중하게 구매하세요!

톡써니의 톡톡 꿀팁!

공식 인증을 받은 리테일 셀러 정보를 얻고 싶어요!

애플의 판매 - 위치 찾기 사이트(https://locate.apple.com/kr/ko/sales)에 접속하세요. 아이패드를 선택하고 [Go]를 클릭한 뒤 찾고 싶은 위치를 입력하면 애플에서 인증한 리테일 셀러 정보를 확인할 수 있습니다.

01-4

애플 계정 만들기

애플에서 제공하는 모든 서비스를 이용하기 위해서는 가장 먼저 애플 계정을 만들어야 합니다. 애플 계정을 이용해 아이클라우드(iCloud) 동기화 기능을 사용하면 슬기로운 애플 생활이 시작되는데요. 아이폰에서 복사하고 아이패드에 그대로 붙여 넣기가 가능한 것도 동일한 애플 계정을 통한 아이클라우드 동기화 덕분이에요.

 맥, 아이폰과 연동하는 방법은 05-1절에서 다룹니다.

하면 된다! } 애플 계정 만들기

01 Apple ID 관리 페이지(appleid.apple.com/kr)에 접속한 후 페이지 상단에 있는 [Apple ID 생성]을 클릭합니다.

 Apple ID 관리 페이지는 애플 홈페이지 하단에 있는 [계정 → Apple ID 관리]를 통해서도 접속할 수 있습니다.

02 이름, 국적 등 개인 정보를 입력한 후 [계속]을 클릭합니다.

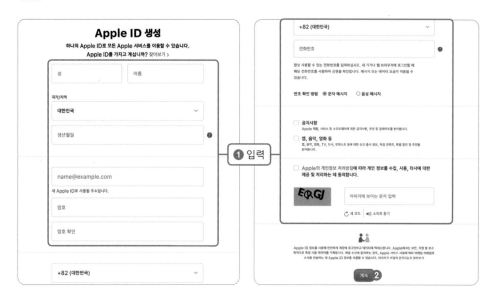

03 이메일 인증과 전화 인증을 진행합니다. 인증을 마치면 가입이 완료됩니다.

하면 된다! } 애플 아이디 변경하기

애플 아이디로 로그인한 후 앱을 구매하면 해당 앱이 애플 아이디에 귀속됩니다. 그런데 애플 아이디를 변경하면 어떻게 될까요? 아이디를 변경해도 구입한 앱을 그대로 사용할 수 있는 방법을 소개합니다.

01 Apple ID 관리 페이지에 접속한 후 바꿀 애플 아이디로 로그인합니다.
Apple ID의 오른쪽에 있는 ⓒ을 클릭하세요.

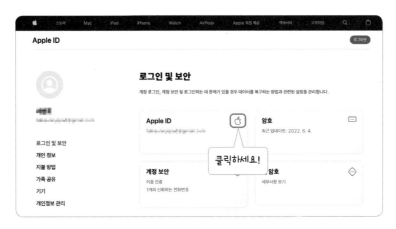

02 변경할 아이디를 입력한 후 [Apple ID 변경]을 클릭하세요.

03 새로운 이메일로 확인 요청이 오면 전송된 코드를 아이패드에 입력합니다.
새롭게 바뀐 계정으로 로그인하면 계정 변경이 완료됩니다.

톡써니 추천! 아이패드 액세서리

종이 질감 필름

종이 질감 필름은 아이패드에 애플 펜슬로 글씨를 쓰거나 그림을 그릴 때 종이에 적는 느낌이 나도록 제작된 필름입니다. 필름과 펜촉 사이의 사각사각한 마찰감이 느껴져 필기감이 좋고 글씨도 삐침 없이 단정하게 쓸 수 있습니다. 그뿐만 아니라 디스플레이에 지문이 묻지 않는다는 장점도 있습니다. 종이 질감 필름은 아이패드를 노트처럼 사용하거나 그림을 그리는 분들에게 추천합니다. 단, 제품에 따라 해상도 저하가 있을 수 있으니 필름을 붙인 결과물을 꼭 확인한 후 구입하세요!

표면이 거칠어 애플 펜슬의 펜촉이 빠르게 마모될 수 있음을 유의하세요!

유아용 아이패드 케이스

아이패드를 교육용으로 사용한다면 유아용 아이패드 케이스 구입을 추천합니다. 아이들에게 아이패드를 쥐여 주면 곧잘 떨어뜨려 마음이 불안하곤 합니다. 유아용 아이패드 케이스 자체가 두툼하고 단단해 아이패드를 잘 보호해 주기도 하고 그립감도 좋습니다. 저는 아이가 좋아하는 유니콘 케이스를 선택했습니다.

매직 키보드

매직 키보드는 플로팅(floating) 키보드라고 불립니다.
아이패드를 공중에 떠 있게 해주어 화면을 볼 때 고개를
덜 숙일 수 있습니다. 화면의 각도가 비교적 자유롭고
가위식 키보드라 타건감도 좋습니다. 저는 매직 키보드
를 사용할수록 이 제품의 편리함을 느끼고 있는데요.
다만 키보드라는 점을 고려했을 때 가격대가 상당해(아이
패드 프로 11형 기준 449,000원, 12.9형 기준 519,000
원) 선뜻 추천하기는 어려운 제품입니다.

스마트폴리오 키보드

스마트폴리오 키보드는 매직 키보드보다 먼저 나온 제품
입니다(프로 11형 기준 274,000원). 나비식 키보드로,
가위식 키보드보다 손가락에 힘이 더 들어가는 편이에요.
무게와 가격이 매직 키보드보다 가볍다는 장점이 있습니
다. 구입 전 애플 스토어에서 타건감과 타이핑할 때의 눈
높이를 체크해 보는 걸 추천합니다.

서드파티 지원 키보드·블루투스 마우스

아이패드는 서드파티 지원 키보드를 블루투스로 연결해 사용할 수 있습니다. 인터넷에 '아이패드
키보드'를 검색하면 다양한 브랜드와 제품이 나오는데요. 접어서 휴대할 수 있는 키보드부터 기계
식 키보드까지 종류가 다양합니다. 키보드의 부피가 너무 크지는 않은지, 내 손에 맞는 키보드인
지 체크한 후에 구매하세요.
마찬가지로 마우스도 블루투스로 연결해 사용할 수 있습니다. 사진, 이미지, 동영상을 편집하거나
게임 등을 할 때 적극 활용해 보세요!

저는 키보드와 마우스
둘 다 로지텍 제품을
사용하고 있어요!

02

아이패드 생활의 시작

 아이패드를 본격적으로 사용해 볼까요? 아이패드의 기본 제스처부터 나만의 루틴대로 사용자화하는 방법까지 소개합니다. 홈 화면, 제어 센터, 앱 설정까지 개성 있게 꾸며 보세요.

애플 기기는 알면 알수록 숨은 기능이 많은데요. 특히 애플에서 제공하는 서비스인 아이클라우드부터 사파리, 아이메시지까지 잘 활용하면 아이패드를 훨씬 더 생산적으로 사용할 수 있을 거예요. 그럼, 아이패드에 대해 함께 알아볼까요?

02-1 ★ iPadOS 17의 새로운 기능 살펴보기

02-2 ★ 아이패드의 기본 제스처

02-3 ★ 앱 설치하기

02-4 ★ 나만의 아이패드 꾸미기

02-5 ★ 톡써니의 아이패드 추천 설정

02-6 ★ 저장 공간을 관리하는 아이클라우드

02-7 ★ 사파리와 친해지기

02-8 ★ 메신저로 소통하기

보너스 톡써니 추천! 아이패드 필수 유·무료 앱

02-1

iPadOS 17의 새로운 기능 살펴보기

iPadOS 17 업데이트로 내 마음대로 다양하게 바꿀 수 있는 사용자화 옵션이 많이 추가되었는데요. 올해 아이패드를 구매했거나 이제 막 업데이트해 새로운 기능을 알아보고 싶은 분들을 위해, 더욱 편리해진 아이패드의 기능들 중 제가 가장 잘 쓰고 있는 몇 가지를 소개합니다. 아직 이용해 본 적 없는 것이 있다면 함께 따라해 보세요!

잠금 화면 내 마음대로 설정하기

이제는 홈 화면뿐만 아니라 잠금 화면에도 위젯을 추가할 수 있습니다. 위젯이란 컴퓨터나 휴대 전화에서 웹 브라우저를 통하지 않고도 날씨와 달력 같은 기능이나 뉴스와 주식 같은 정보를 이용할 수 있도록 만든 응용 프로그램을 말하는데요. 위젯을 활용하면 다양한 정보를 잠금 화면에서 확인할 수 있습니다. 보통 아이패드를 사용할 때 화면을 가로 또는 세로로 자유롭게 전환하면서 사용하는데, 주의해야 할 점은 위젯 설정이 양방향으로 지원되지 않는다는 것입니다. 이럴 때는 자주 손에 쥐는 방향에 맞추거나, 두 모드를 각각 설정하면 됩니다. 저는 한눈에 볼 수 있는 내용이 많은 것을 선호하기 때문에 가로, 세로 모드를 모두 설정했습니다.

하면 된다! } 잠금 화면 커스텀하기

01 잠금 화면을 길게 탭합니다.

잠금이 걸려 있는 상태에서는 반응하지 않아요!

02 하단의 [사용자화 → 잠금 화면]을 탭합니다.

03 [위젯 추가]를 탭
하면, 제안된 위젯 또는
필요한 위젯을 선택할 수
있습니다.

톡써니의
톡톡
꿀팁!

가로모드에서 설정한 위젯이 세로 모드에서 보이지 않아요!

만약 가로 모드의 잠금 화면에 위젯을 설정해 두었는데 세로 모드로 전환했을 때 위젯이 나타나지 않는다면, 양방향 위젯을 지원하지 않는 경우입니다. 이때는 세로 모드에 맞게 위젯을 다시 설정해야 합니다.

가로 모드에서 설정된 위젯이 보이는 모습

세로 모드에서 설정된 위젯이 보이는 모습

스테이지 매니저

멀티태스킹을 위한 스테이지 매니저도 추가됐습니다. 이 기능은 맥OS 벤투라에서 처음 선보였는데, 아이패드에서도 같은 방식으로 작동합니다. 스테이지 매니저를 활용하면 기존보다 더 자유롭게 화면을 구성하고 열려 있는 창을 분류해 볼 수 있습니다.

하면 된다! } 스테이지 매니저로 편리하게 멀티태스킹하기

01 [설정 → 멀티태스킹 및 제스처 →
스테이지 매니저]를 탭합니다.

탭한 상태로 움직이면 크기를
조절할 수 있습니다!

02 상단의 [••• → 다른 윈도우 추가]를
탭합니다.

창을 조절하며 내게 맞는
창 맞춤으로 구성하세요!

03 •••을 탭한 상태로 움직이면 창을 이동할 수 있고, 한 번 탭한 후 [닫기]를 탭하
면 창을 닫을 수도 있습니다.

04 이렇게 여러 창을 띄워 작업하면 상황에 맞는 작업창을 빠르게 불러올 수 있습니다.

작업 설정 앱 묶음

유튜브 작업 앱 묶음

스테이지 매니저는 오른쪽 상
단을 스와이프해 제어 센터에
서 켜고 끌 수 있습니다!

프리폼(Freeform)

프리폼은 iPadOS 16.2에서 첫 등장한 애플의 기본 앱입니다. 무한정 커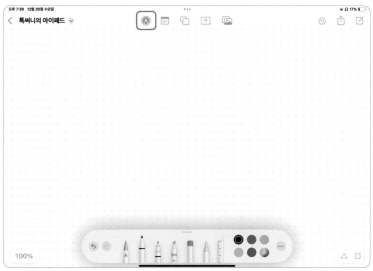
지는 아주 큰 화이트보드라고 생각하면 되는데요. 공동 작업자와 함께 브
레인스토밍하기에도 좋고, 회의 시 사용하기에도 좋습니다. 처음 앱을 열
면 나오는 새하얀 화면에서 하나씩 생각을 나열해 보세요. 메모 앱과 같은 펜 도구들을
사용하거나 메모지, 사진, 도형을 추가할 수도 있습니다.

하면 된다! } 프리폼으로 마인드 맵 그리기

01 프리폼을 열고, 상단의 아이콘 모음 중 펜 도구 아이콘을 탭해 마인드 맵을 그릴
주제를 작성합니다.

프리폼 화면과 펜 도구

02 📋 아이콘을 탭하면 메모지를 추가할 수 있고, 🗗 아이콘을 탭하면 다양한 도형
을 추가할 수 있습니다. 메모지나 도형, 사진 등을 자유롭게 추가합니다.

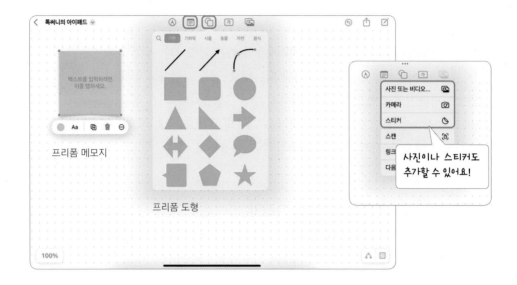

프리폼 메모지

프리폼 도형

사진이나 스티커도 추가할 수 있어요!

03 항목들을 마음대로 배치합니다. 한 번 탭하면 해당 항목이 선택되고, 위치를 자유자재로 변경하거나 삭제할 수 있습니다. 모서리의 둥근 부분을 드래그하면 크기가 조절됩니다.

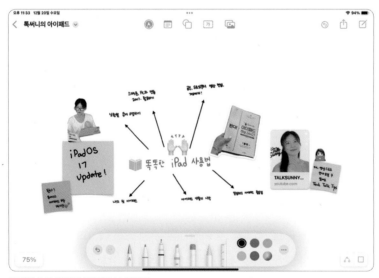

프리폼으로 간단히 만들어 본 이미지

메모 앱

이제 애플 기본 앱인 메모 앱에서 여러 장의 PDF를 원본 너비의 크기로 보며 문서 작업을 할 수 있습니다. 또한 애플 펜슬을 이용해 서명이나 스케치도 할 수 있죠!

하면 된다! } 메모 앱으로 PDF 문서 작업하기

01 작업할 PDF 문서를 불러옵니다.

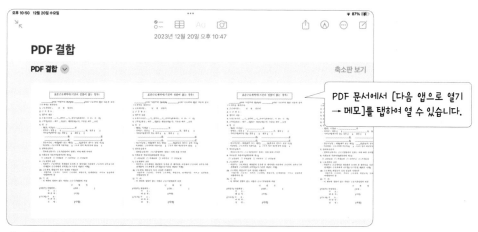

> PDF 문서에서 [다음 앱으로 열기 → 메모]를 탭하여 열 수 있습니다.

메모 앱에 여러 장의 PDF를 불러온 모습

02 문서의 보기 설정을 조절해 수정할 부분을 확인하고, [훑어보기]를 선택해 편집할 수 있는 상태로 바꿉니다.

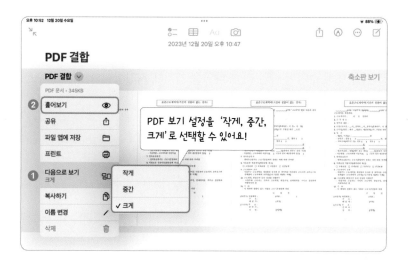

> PDF 보기 설정을 '작게, 중간, 크게'로 선택할 수 있어요!

03 오른쪽 상단의 자동 완성 아이콘 ⊞을 탭합니다. 채워야 할 양식의 빈칸이 파란색으로 표시됩니다.

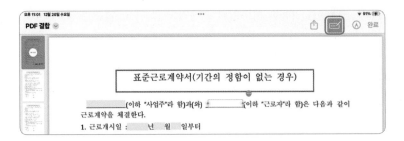

04 오른쪽 상단의 펜 아이콘 🅰을 탭합니다. 애플 펜슬을 이용해 서명이나 스케치를 할 수 있습니다.

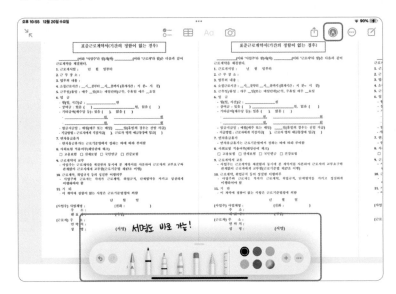

05 [파일 앱에 저장]을 탭해 수정이 끝난 PDF 파일을 기기에 저장합니다.

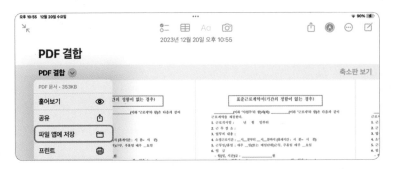

02-2

아이패드의 기본 제스처

아이패드는 아이맥이나 맥북과 달리 터치가 가능합니다. 처음에는 낯설 수 있지만 한두 번만 따라 해보면 금세 손에 익을 거예요.

다음은 아이패드 필수 제스처를 표로 정리한 것입니다.

〈기본 제스처〉
영상 보기

제스처	설명
탭	한 손가락으로 화면을 가볍게 탭
길게 탭	• 앱에서 항목을 길게 탭: 콘텐츠 미리 보기 및 빠른 동작 수행 • 홈 화면에서 앱 아이콘 길게 탭: 빠른 동작 메뉴 열기
화면 넘기기	한 손가락으로 화면을 좌우로 넘기기
스크롤	한 손가락으로 화면을 상하로 넘기기
확대/축소하기	앱을 실행한 상태에서 두 손가락을 펼쳐 확대, 오므려서 축소
화면 캡처	• 전원 버튼과 볼륨(+) 버튼을 동시에 누르기: 글씨 메모 후 저장 가능 • 애플 펜슬을 화면 왼쪽 모서리에서부터 대각선 방향으로 스와이프
시리(Siri) 실행	전원 버튼 길게 누르기
멀티 셀렉트	하나의 앱 길게 눌러 선택한 후 나머지 손가락으로 추가 선택: 폴더 생성
실행 앱 보기	• 독(dock)을 아래에서 위로 스와이프한 후 멈추기 • 다섯 손가락 오므리기

아이폰에 사용하는 제스처와 비슷해요!

최근 사용한 앱 보기

독의 왼쪽에는 즐겨 찾는 앱, 오른쪽에는 추천 앱(최근 사용했거나 다른 애플 기기에서 열었던 앱 등)이 나타납니다. 독의 맨 오른쪽에는 앱 보관함 아이콘이 있습니다.

 앱 전환기를 열어 최근 사용한 앱을 확인할 수도 있어요. 앱 전환기를 여는 방법은 '앱 전환하기'에서 살펴볼게요!

톡써니의
톡톡 꿀팁!

독에 앱 보관함이 보이지 않아요!

만약 독에 앱 보관함이 보이지 않는다면 설정을 확인해 봐야 합니다.
[설정 → 홈 화면 및 앱 보관함]에서 [Dock에서 앱 보관함 보기]의 토글 버튼을 활성화해 주세요.

스포트라이트 검색 창 열기

아이패드 화면을 위쪽에서 아래쪽으로 짧게 스와이프하면 스포트라이트 검색 창이 나타납니다. 애플 키보드로는 (Command) + (Spacebar)를 누릅니다.

전원 끄기

Face ID 기능 유무에 따라 전원을 끄는 방법이 다릅니다. Face ID 기능이 있는 아이패드는 전원 버튼과 음량(-) 버튼을 동시에 길게 누르면 [밀어서 전원 끄기] 슬라이더가 나타납니다. Face ID 기능이 없는 아이패드는 전원 버튼만 길게 눌러도 [밀어서 전원 끄기] 슬라이더가 나타납니다. 슬라이더를 스와이프해 전원을 종료해 보세요.

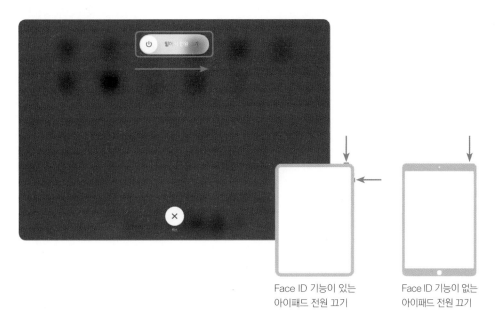

Face ID 기능이 있는 아이패드 전원 끄기 Face ID 기능이 없는 아이패드 전원 끄기

타이핑 도중 커서 이동하기

원하는 위치로 커서가 이동할 수 있도록
[Spacebar]를 누른 상태에서 상하좌우로
움직입니다.

스크린샷 찍기

아이패드 화면을 캡처하는 방법은 총 3가지입니다. 아이패드 위쪽의 전원 버튼과 볼륨
(+) 버튼을 함께 누르면 화면을 캡처할 수 있습니다.

이번에는 도구를 이용해 캡처해 볼까요? 키보드에서 [Shift] + [Command] + [3]을 동시
에 눌러 보세요. 애플 펜슬을 왼쪽 아래에서 오른쪽 위 방향으로 그어 보세요.

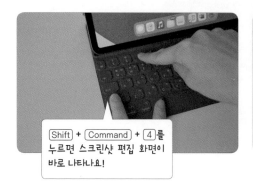

앱 전환하기

여러 앱을 열어 둔 상태라면 아이패드 하단에 있는 홈 바를 좌우로 스와이프해 보세요. 앱 간 전환을 쉽게 할 수 있습니다.

〈앱 전환하기〉
영상 보기

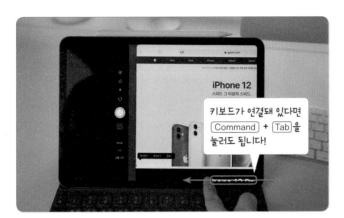

 하단에 있는 긴 바를 홈 바라고 불러요!

앱 전환기로도 앱을 전환할 수 있는데요. 앱 전환기를 이용하면 현재 열려 있는 모든 앱이 나타나며 원하는 앱을 탭하면 바로 이동할 수 있습니다. 홈 바에서부터 화면을 아래에서 위로 들어올린다는 느낌으로 스와이프한 후 손가락을 뗍니다.

화면 분할하기 – 스플릿 뷰/슬라이드 오버

아이패드의 화면 분할 방식에는 스플릿 뷰(split view)와 슬라이드 오버(slide over)가 있습니다. 2가지 방법 모두 앱을 동시에 실행한다는 것은 같지만, 스플릿 뷰는 화면을 나눠 2개의 앱을 띄우는 기능, 슬라이드 오버는 하나의 큰 화면 위에 팝업 창을 띄우는 기능입니다.

저는 주로 웹 검색을 하며 문서 작업을 할 때는 스플릿 뷰를 사용하고, 영상을 보면서 메시지를 보낼 때는 슬라이드 오버를 사용합니다.

앱을 실행한 후 화면의 위쪽에 있는 ⬤을 탭하면 3가지 항목이 나타납니다. 이 3가지 항목은 각각 전체 화면 보기, 스플릿 뷰, 슬라이드 오버를 뜻합니다.

하면 된다! } 스플릿 뷰로 화면 나누기

스플릿 뷰는 영상을 보면서 메모를 하거나 웹 검색을 하면서 메시지를 보내는 등 한번에 2가지 작업을 할 때 유용한 분할 방식입니다. 두 화면의 비율을 조절해 사용할 수도 있답니다.

〈스플릿 뷰〉
영상 보기

01 앱을 실행한 상태에서 화면 상단에 있는 ⬤을 탭한 후 가운데에 있는 스플릿 뷰 아이콘 ⊞을 탭하세요.

02 열었던 화면이 왼쪽으로 숨어 아주 살짝 보이면서 Split View 다른 앱 선택이라는 알림이 나타납니다. 사파리 앱을 열어 볼게요.

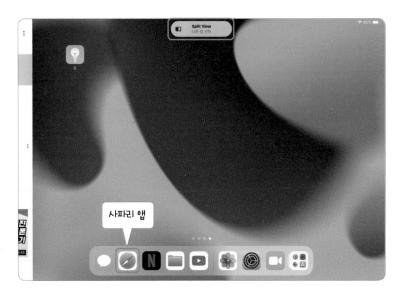

03 두 앱이 5:5 비율로 나뉘어 나타납니다.

04 해당 앱이 스플릿 뷰를 지원하지 않을 수도 있으니 참고하세요(기본 설정 앱, 넷 플릭스 등).

넷플릭스는 스플릿 뷰를
지원하지 않아요!

톡써니의

**톡톡
꿀팁!**

꼭 1:1의 비율로 봐야 하나요?

화면 가운데의 바를 좌우로 밀어 보세요. 두 앱의 화면 비율을 마음대로 조정할
수 있습니다.

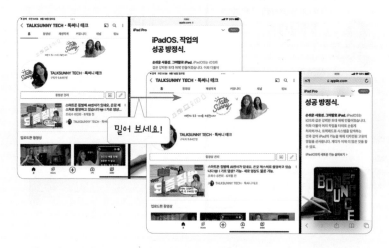

밀어 보세요!

하면 된다! } 슬라이드 오버로 화면 나누기

슬라이드 오버는 앱을 화면 위 팝업으로 여는 방식입니다. 스플릿 뷰는 2가지 앱의 화면 비율을 조절할 수 있지만, 슬라이드 오버는 팝업 창의 크기가 고정돼 있습니다.

01 임의의 창을 연 후 화면 상단에 있는 ⬚을 탭하고 오른쪽의 슬라이드 오버 아이콘 ⬚을 탭하세요.

02 Slide Over 다른 앱 선택이라는 알림이 표시되면 열고자 하는 다른 앱을 하나 선택하세요. 처음에 열었던 앱이 팝업 창으로 나타납니다. 팝업 창의 크기는 조절할 수 없고 위치만 좌우로 이동할 수 있습니다.

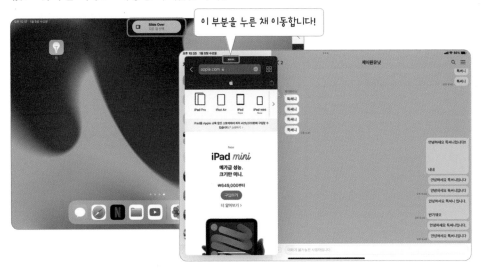

이 부분을 누른 채 이동합니다!

더 간편해진 '복붙'으로 자료 정리를 더 빠르고 편하게!

화면을 분할한 상태에서 '복사+붙여넣기'를 아주 쉽게 해볼까요? 메모 앱과 사파리 앱을 스플릿 뷰로 연 후 사파리의 검색 내용을 메모 앱으로 복사해 볼게요.

1. 복사하고 싶은 영역을 선택한 후 길게 탭하세요. 화면에서 손을 떼지 않은 상태로 메모장으로 스와이프합니다.

2. 손가락 터치만으로 사파리 앱에서 보던 내용을 메모 앱에 붙여 넣었습니다.

애플 펜슬 연결하기

애플 펜슬은 1세대와 2세대로 나뉩니다. 어느 제품을 고를지 고민하기에 앞서 호환되는 기기인지 확인하세요. 쉽게 생각해 아이패드에 '홈 버튼'이 있으면 1세대, 없으면 2세대를 사용하면 됩니다.

애플 펜슬	호환 기기
1세대	아이패드 프로 10.5형, 12.9형(1~2세대), 아이패드(6~10세대), 아이패드 에어(3세대), 아이패드 미니(5세대)
2세대	아이패드 프로 11형(1~4세대), 아이패드 프로 12.9형(3~6세대), 아이패드 에어(4~5세대), 아이패드 미니(6세대)

하면된다! } 애플 펜슬 사용하기

애플 펜슬을 다루는 방법을 살펴볼게요. 반드시 충전된 상태여야 하며, 페어링된 아이패드에만 사용할 수 있습니다.

01 애플 펜슬 연결하기

아이패드에서 [설정 → Bluetooth]를 눌러 블루투스를 활성화합니다. 애플 펜슬을 충전(연결)만 해도 자동으로 페어링됩니다.

02 애플 펜슬 설정하기

[설정 → Apple Pencil]에서 애플 펜슬의 배터리 상태 확인, 이중 탭 기능 설정, 손글씨 입력을 활성화할 수 있습니다.

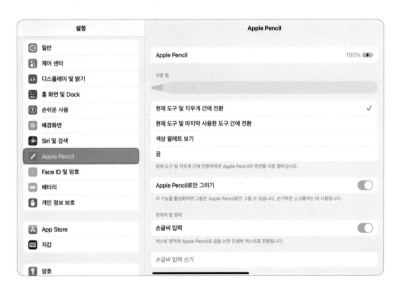

03 이중 탭 설정하기(2세대 한정)

이중 탭은 애플 펜슬 2세대에만 적용되는 기능입니다. 애플 펜슬을 두 번 톡톡 두드리면 사전에 설정해 둔 기능으로 전환됩니다.

[현재 도구 및 지우개 간에 전환/현재 도구 및 마지막 사용한 도구 간에 전환/색상 팔레트 보기/잉크 속성 보기/끔] 중 하나를 선택할 수 있습니다.

저는 굿노트로 다이어리를 쓰는데요. 글씨를 쓰다가 지울 일이 많아서 [현재 도구 및 지우개 간에 전환]으로 설정해 펜슬을 두 번 톡톡 두드리면 지우개로 전환되는 기능을 사용하고 있어요.

04 애플 펜슬 충전하기

애플 펜슬 1세대와 2세대는 충전 방식이 다릅니다. 2세대는 아이패드 오른쪽 면의 무선 충전 패드에 가볍게 올려 두면 자성으로 인해 달라 붙어요. 반면, 1세대는 뒷면의 캡을 분리해 라이트닝 포트로 연결한 후 충전하는 방식을 사용합니다. 애플 펜슬 1세대를 사용하고 있다면 뒷면 캡을 분실하지 않도록 주의하세요!

애플 펜슬 1세대를 충전하는 모습

애플 펜슬 2세대를 충전하는 모습

하면 된다! } 애플 펜슬로 손글씨 입력하기 `iPadOS 15.4 이상`

애플 펜슬로 손글씨를 입력할 수 있습니다. iPadOS 15.4 업데이트로 영어뿐 아니라 한글도 텍스트로 인식합니다. 다양하고 간편한 필기 제스처를 통해 문구 삭제, 선택, 삽입, 연결까지 할 수 있습니다.

01 [설정 → Apple Pencil]에서 [손글씨 입력]의 토글 버튼을 활성화합니다.

02 손글씨를 텍스트로 변환하기

텍스트를 입력해야 하는 위치에 손글씨를 입력하면 텍스트로 자동 변환됩니다.

03 더블 탭 효과

문장 내 필요한 부분에 줄을 긋거나 동그라미를 그립니다. 해당 부분을 더블 탭한 효과를 줄 수 있습니다.

04 글씨 지우기

손글씨를 수정하고 싶다면 해당 글자 위에 까맣게 낙서합니다.

05 글자 사이 여백 지우기

다음과 같이 역슬래시(\)를 그려 주세요. 글자 사이의 간격이 줄어듭니다.

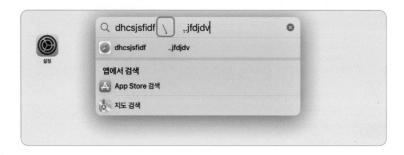

06 손글씨로 검색하기

다음과 같이 손글씨를 적어 검색어로 사용할 수 있습니다.

잠금 화면에서 제어하기

잠금 화면 내 생산성을 높일 수 있는 빠른 제어 방법을 소개합니다. 앞으로 아이패드를 사용하면서 반드시 알아야 하는 기본 제스처입니다.

톡써니의
**톡톡
꿀팁!**

작업하다가 아이패드 화면이 자꾸 꺼져요.
잠금 화면으로 전환되는 시간을 늘릴 수 없을까요?
[설정 → 디스플레이 및 밝기 → 자동 잠금]을 탭한 후 잠금 시간을 길게 설정하세요. 저는 화면을 끄기 전에는 계속 켜져 있도록 [안 함]으로 설정했는데요. 2분부터 15분까지 사용자가 자동 잠금 시간을 설정할 수 있습니다.

02-3

앱 설치하기

앱 스토어란?

앱 스토어(App Store)는 애플리케이션 스토어(Application Store)의 준
말로, 2008년 7월 11일 애플이 아이폰 3G를 출시하면서 등장한 애플
리케이션 판매 서비스입니다.

[투데이] 카테고리에서는 유용한 앱을 소개하거나 사용법을 알려 주고
[앱] 카테고리에서는 다양한 상황별 앱을 추천해 줍니다. [게임]과 [Arcade]에서는 앱
스토어에서 추천하는 게임을 만나볼 수 있으니 취향껏 즐겨 보세요!

[투데이]: 유용한 앱과 앱 사용법을 추천합니다.

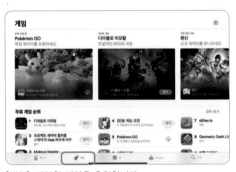

[게임]: 다양한 게임을 추천합니다.

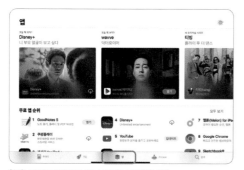
[앱]: 카테고리별로 앱 선택을 도와줍니다.

[Arcade]: 구독형 게임 서비스를 보여 줍니다.

하면 된다! } 필요한 앱 검색하고 다운로드하기

앱을 본격적으로 다운로드해 볼까요?

01 앱 스토어에 들어가 로그인하세요.

애플 아이디를 만드는 방법은
01-4절을 참고하세요!

02 카카오톡을 설치해 보겠습니다. 카카오톡을 검색한 후 [받기]를 탭하세요.

이미 다운로드한 적이 있으면
이 아이콘으로 나타나요!

03 유료 앱은 구매를 위한 보안 인증이 요구됩니다.

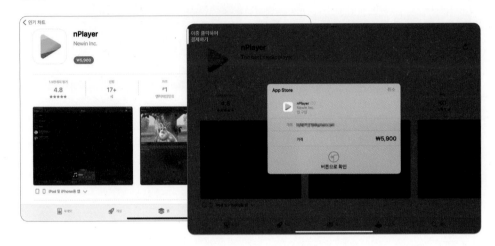

톡써니의
톡톡
꿀팁!

보안 인증 없이 바로 다운로드되는 경우가 있어요!

유료 앱은 보안 인증 과정을 거칠 수 있도록 설정하는 것을 추천합니다. 구매 전에 비밀번호를 입력해야 하기 때문에 신중하게 구매할 수 있습니다. 특히, 자녀가 사용하는 아이패드라면 이 설정을 반드시 해두는 것이 좋아요. [설정 → Touch ID 및 암호]에서 [iTunes 및 App Store]의 토글 버튼을 활성화하세요!

04 앱 다운로드가 완료되면 홈 화면에서 확인할 수 있습니다.

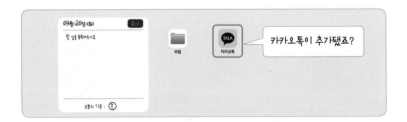

다운로드 알림 설정하기

셀룰러 모델은 데이터를 켜두고 사용하는 경우가 많습니다. 와이파이가 꺼졌는지 모르고 무턱대고 앱을 다운로드하다 보면 데이터가 금세 동날 수 있어요.
[설정 → App Store → 앱 다운로드]에서 [200MB 이상인 경우 묻기]를 선택해 데이터 손실을 방지하세요.

결제 방식 변경하기

만약 결제가 거절됐다면 결제 방법을 업데이트하거나 변경해야 합니다. 앱 스토어의 오른쪽 상단에 있는 계정 아이콘 ⓜ을 탭한 후 계정 부분을 탭하고 [지불 방법 관리]를 탭합니다. 기존에 오류가 있던 카드 정보를 삭제한 후 [지불 방법 추가]를 눌러 다른 지불 방법을 추가합니다.

앱을 유료로 사용하는 것이 부담스러워요!

앱 스토어에서 유료 앱들이 한시적으로 무료로 배포되는 경우가 있습니다.
한시적 무료 앱을 소개해 주는 사이트 2개를 소개할게요.

1. App sliced - 해외 사이트

구글에서 'appstore app gone free/sale'을 검색하면 다양한 무료 앱 정보가
나옵니다. 그중에서도 꾸준히 업데이트되고 있는 App sliced를 추천합니다.

 링크: appsliced.co

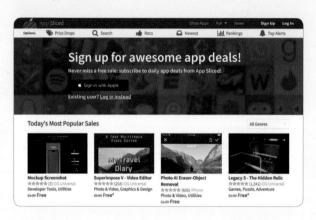

2. iloveapp 블로그 - 국내 사이트

국내 다양한 커뮤니티에서 괜찮은 앱이 한시적 무료 혹은 할인을 할 경우 정보
를 공유하고 있는데요. 구글에서 '앱스토어 무료 앱'을 검색하면 다양한 사이트
나 블로그를 확인할 수 있습니다. 특히 iloveapp 블로그에서는 애플 앱뿐만 아
니라 안드로이드 앱 등의 다양한 정보도 찾아볼 수 있습니다.

 링크: iloveapp.tistory.com/category

다운로드한 앱 관리하기

계정 아이콘을 탭한 후 [구입목록]과 [구독]을 탭하면 이전에 다운로드한 앱을 확인할 수 있습니다. [구입목록]에서는 애플 제품에서 동일한 계정으로 다운로드했던 앱 전체를 확인할 수 있고 [Apple ID → 구독]에서는 정액제로 이용하고 있는 앱 서비스를 확인할 수 있습니다.

앱의 오른쪽에서 [열기] 또는 ⬇ 아이콘을 볼 수 있는데요. ⬇ 아이콘을 탭하면 재다운로드를 할 수 있고 왼쪽으로 스와이프하면 앱 다운로드 내역을 가릴 수 있습니다. 불필요한 앱은 가리기 기능을 통해 다운로드 앱을 주기적으로 관리하세요.

 만약 다운로드가 안 되면 다른 앱을 업데이트 중일 가능성이 높습니다. 다른 앱의 업데이트를 중단한 후 원하는 앱의 업데이트를 진행하면 훨씬 빠르게 다운로드됩니다.

앱 구독 취소하기

유료 앱 중에서 무료 체험을 할 수 있는 앱도 있습니다. 이런 앱의 대다수가 일정 기간 무료 사용이다가 구독으로 전환되는 방식인데요. 구독을 원하지 않는다면 체험 기간이 지나기 전에 구독 해제를 해야 해당 기간이 지난 후 앱이 유료로 결제되지 않습니다. [설정 → Apple ID → 구독 → 구독 중인 항목의 앱→ 구독 취소]를 순서대로 탭하세요. 이때 [갱신 영수증]의 토글 버튼을 활성화하세요. 구독 갱신이 될 때마다 영수증이 전송되기 때문에 필요하지 않을 때 미리 구독을 취소할 수 있습니다.

앱 구독 내역은 주기적으로 확인해 주는 것이 좋습니다. 사용 부주의로 나도 모르게 구독하고 있는 앱이 있을지 모릅니다. 예전에는 잘 사용했지만, 이제는 사용하지 않는 앱도 구독을 해제하는 것이 좋겠죠? 저도 최근에 사용하지 않는 사진 편집 앱 하나를 발견해 구독을 취소했는데요. 여러분도 잘 확인해서 돈이 새어 나가지 않도록 하세요.

하면 된다! } 실수로 구매한 앱 환불하기

화려한 앱 소개를 보고 구매했다가 실제로 사용해 보면 터무니없는 앱이라 실망하는 경우가 종종 있죠? 그렇다면 다음과 같이 환불 요청을 해보세요. 요청 이유가 정당할 경우 최대 48시간 안에 환불이 승인됩니다.

01 애플 공식 홈페이지의 문제 신고 페이지(reportaproblem.apple.com)에 접속한 후 로그인합니다. [문제 선택] 목록에서 [환불 요청]을 선택한 후 [세부 내용 선택]에서 환불하려는 이유를 선택합니다.

02 페이지에 표시되는 지침을 따라 환불 요청을 제출합니다.

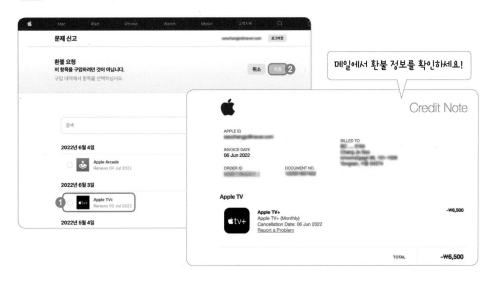

메일에서 환불 정보를 확인하세요!

한국에서는 다운로드할 수 없대요!

앱 스토어는 국가별로 제공하는 앱이 다릅니다. 만약 필요한 앱을 미국에서만 다운로드할 수 있는 경우, 현재 계정을 미국 계정으로 변경하면 되는데요. 바로 가상 사설망(VPN)을 이용하는 거예요. VPN으로 IP 주소를 변경하면 사용자의 가상 위치를 숨길 수 있으니, 이 원리를 이용해 국가를 변경해 보세요. 앱 스토어에 들어가면 해당 국가의 앱을 다운로드할 수 있습니다.

무료 VPN 앱은 개인 정보 유출에 취약하기 때문에 유료 앱을 사용하는 걸 추천해요. 대표적으로 Express VPN, Surfshark, Nord VPN이 있습니다.

다운로드 받은 앱이 자꾸 지워져요!

혹시 앱을 다운로드 받고 나서 한동안 사용하지 않았나요? 그렇다면 '사용하지 않는 앱 정리하기' 기능이 활성화되어 있기 때문일 수 있습니다. [설정 → App Store → 사용하지 않는 앱 정리하기]의 토글을 비활성화하세요.

02-4

나만의 아이패드 꾸미기

잘 꾸며진 홈 화면은 기기를 자꾸 열고 싶게 만듭니다. 화면을 켤 때마다 기분이 좋아지죠. 나만의 배경 화면을 설정하고 앱과 위젯으로 홈 화면을 함께 꾸며 볼까요?

홈 배경 화면 꾸미기

홈 배경 화면을 꾸미기 위해 사람들이 이미 공유해 둔 이미지를 활용하거나 앱을 이용해 직접 배경 이미지를 만들 수 있습니다.

하면 된다! } 핀터레스트에서 배경 화면 다운로드하기 무료

저는 주로 핀터레스트(Pinterest)에서 홈 화면 이미지를 다운로드합니다. 상업적으로 이용할 수는 없지만, 개인적으로 사용하는 아이패드 홈 화면은 얼마든지 무료로 다운로드할 수 있어요.

01 핀터레스트 앱을 연 후 ipad wallpaper를 검색합니다.

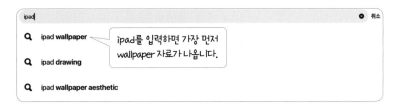

02 원하는 이미지를 선택한 후 ⋯을 탭하세요.

03 [이미지 다운로드]를 탭하세요. 사진 앱에서 다운로드한 이미지를 확인할 수 있습니다.

잠금 화면, 홈 화면 이미지 직접 만들기

iPadOS 17 이후로 별도의 앱을 이용하지 않아도 잠금 화면, 홈 화면을 다채롭게 꾸밀수 있습니다. 라이브포토부터 천체 사진, 날씨, 색상, 이모티콘, 사진 셔플 등 선택지가많은데요. 특별한 기념일에 이모티콘으로 아이패드를 장식하거나, 천체 사진으로 분위기 전환을 해볼 수도 있습니다. 잠금 화면을 설정한 후에 한 쌍의 배경화면으로 설정해도 좋고요! [홈 화면 사용자화] 버튼을 탭하면 잠금 화면의 색상과 어우러지는 홈 화면의 기본 색상을 추천해 줍니다. 저는 홈 화면에 깔끔한 기본 색상을 선택해 사용하고있습니다.

하면 된다! } 천체 사진으로 잠금 화면 만들기 iPadOS 17 이상

01 잠금 화면을 길게 탭한 후, ⊕를 탭해 잠금 화면을 추가합니다.

02 다양한 잠금 화면의 선택지를 볼 수 있습니다. [천체]를 선택합니다.

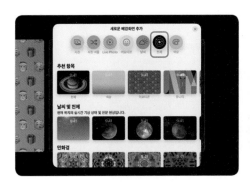

03 마음에 드는 천체 사진을 선택한 후 오른쪽 상단의 [추가]를 탭합니다. 두 가지 선택지가 나타납니다.

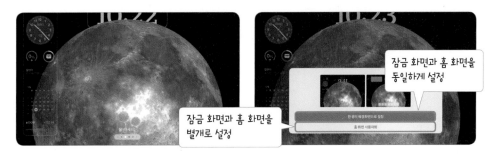

04 [홈 화면 사용자화]를 탭하면 아래와 같은 화면이 나옵니다. 이제 [한 쌍]을 탭하면 잠금 화면과 어울리는 홈 화면 모양으로 자동 선택됩니다. [완료]를 탭합니다.

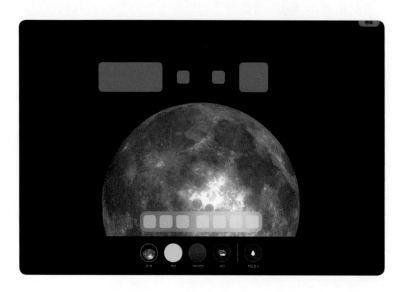

하면 된다! } 이모티콘으로 잠금 화면 만들기

01 잠금 화면 선택지에서 [이모티콘]을 선택합니다.

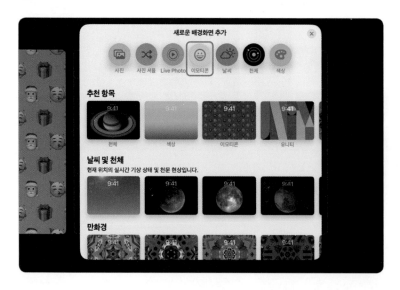

02 원하는 이모티콘을 입력합니다. 입력할 때마다 잠금 화면이 해당 이모티콘으로 채워집니다.

03 오른쪽 하단의 색상 버튼을 탭해 배경 화면 색상을 변경하거나, 슬라이드를 사용해 색상의 채도를 조절합니다.

색상 버튼

톡써니의
톡톡
꿀팁!

만들어 둔 잠금 화면을 더 이상 사용하지 않아요. 삭제할 수 없을까요?

잠금 화면을 만들 때와 마찬가지로 화면을 길게 탭합니다. 삭제하고 싶은 잠금 화면을 찾은 뒤 위로 스와이프합니다. 나타난 휴지통 아이콘을 탭한 뒤 [이 배경 화면 삭제]를 탭하면 잠금 화면이 삭제됩니다. 단, 삭제되는 잠금 화면은 홈 화면과 세트로 이루어져 있기 때문에 하나만 남겨두고 삭제할 수는 없다는 점을 주의하세요!

앱 배치하기

처음 아이패드의 전원을 켜면 기본으로 설치된 앱을 확인할 수 있습니다. 이후 필요한 앱을 앱 스토어에서 다운로드하다 보면 어느새 홈 화면이 앱으로 꽉 차게 되는데요. 앱을 카테고리별로 묶어 폴더에 넣어 두면 홈 화면도 깔끔하고 앱을 찾는 일도 편리해집니다.

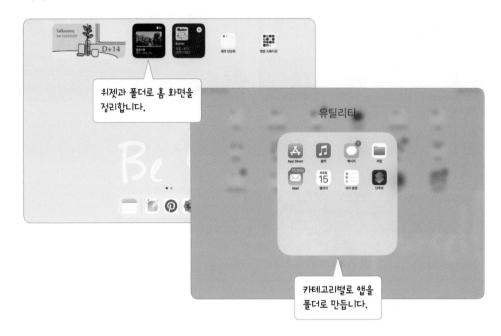

위젯과 폴더로 홈 화면을 정리합니다.

카테고리별로 앱을 폴더로 만듭니다.

하면 된다! } 앱 이동 및 삭제하기

01 앱 이동하기

홈 화면 또는 앱 아이콘을 길게 탭하면 앱 아이콘이 흔들리는 것을 볼 수 있는데요. [홈 화면 편집]을 탭한 후 원하는 위치로 드래그해 앱을 이동합니다.

02 앱 삭제하기

앱을 이동할 때와 마찬가지로 홈 화면 또는 앱 아이콘을 길게 탭하세요. 앱 왼쪽 상단에 있는 ⊖ 아이콘을 탭해 아이패드에서 앱을 아예 삭제할 수도 있고 홈 화면에서만 제거할 수도 있습니다.

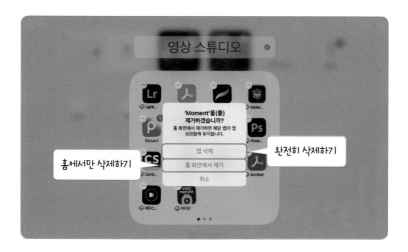

03 앱 한 번에 묶어 정리하기

앱을 하나씩 이동해 폴더에 넣으려면 시간이 오래 걸립니다. 앱을 모아 한 번에 폴더에 넣어 볼까요? 홈 화면 또는 앱 아이콘을 길게 누른 후 앱 편집이 가능한 상태로 변하면 한 손가락으로 이동하려는 앱을 길게 눌러 선택합니다. 한 손은 앱을 누른 상태를 유지하고 나머지 한 손으로 함께 모아 이동하고 싶은 앱을 하나씩 탭합니다.

〈앱 정리하기〉
영상 보기

04 모은 앱을 마지막으로 담을 하나의 앱 쪽으로 이동시킵니다. 하나의 폴더로 묶인 것을 확인할 수 있습니다.

위젯 꾸미기 iPadOS 13 이상

iPadOS 13 업데이트로 아이패드의 홈 화면 구성에 큰 변화가 있었는데요. 홈 화면에 위젯이 추가되면서 화면 내에서 한눈에 볼 수 있는 내용이 많아졌습니다. 예를 들어 캘린더 앱 아이콘은 오늘이 며칠이고 무슨 요일인지만을 보여 주지만, 캘린더 위젯은 일정과 관련된 메모까지 함께 보여 줍니다.

한편, 유튜브 뮤직의 경우 앱을 열지 않고도 홈 화면의 유튜브 뮤직 위젯에서 음악을 바로 재생할 수 있게 됐어요. 아이패드 사용 루틴에 맞는 위젯을 설정해 두면 생산성이 높아집니다.

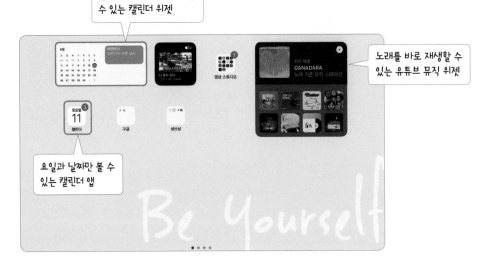

위젯을 설정하는 방법에는 위젯을 홈 화면에 고정하는 방법과 홈 화면을 왼쪽에서 오른쪽으로 밀면 나타나는 숨은 위젯을 설정하는 방법이 있습니다.

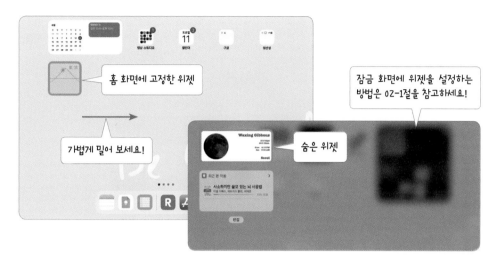

하면 된다! } 위젯 추가하기

위젯이 처음 등장했을 때보다 위젯을 지원하는 앱이 점점 더 많아지고 있습니다. 아이패드를 예쁘게 꾸미길 좋아하는 사람으로서 정말 기쁜데요. 그럼 위젯을 사용해 홈 화면을 마저 꾸며 볼까요?

01 홈 화면을 길게 탭하면 나타나는 ⊕ 아이콘을 탭합니다.

02 추천하는 위젯 목록이 나타납니다. 각 앱을 탭하면 해당 앱을 위젯으로 만들 수 있습니다.

위젯으로 만들면 좋은 앱을 추천해 줍니다.

위젯의 크기를 선택해 추가합니다.

하면 된다! } **나만의 미니 메모장, 메모위젯**

꼭 기억해야 하는 내용을 홈 화면에 고정해 두면 잊지 않겠죠? 메모위젯은 할 일 목록을 홈 화면에 정리할 수 있는 위젯입니다. 할 일을 마친 후 체크 표시를 하면 목록에서 사라져서 정말 편리해요. 배경 화면을 투명하게 비치면서도 글씨를 고정할 수 있어 매우 유용합니다.

01 오른쪽 하단에 있는 ⊕ 아이콘을 탭한 후 할 일 목록 아이콘 ◎을 선택합니다. 작성이 끝나면 ⓒ 아이콘을 탭해 미리 저장한 홈 화면 배경 이미지를 선택합니다.

02 홈 화면 배경 색상과 메모의 배경 색상이 같아서 마치 투명한 배경에 글씨를 얹은 것 같은 효과가 나타납니다.

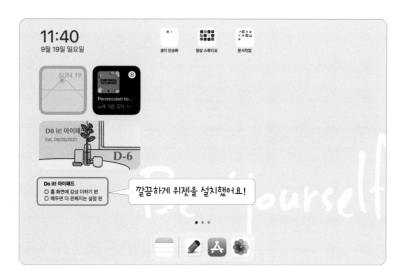

톡써니의
톡톡 꿀팁!

꾸미기 좋은 위젯, 몇 가지만 더 추천해 주세요!

메모위젯처럼 이미 만들어진 형태의 위젯을 사용할 수도 있고 나만의 위젯을 직접 만들 수도 있어요.

1. 나만의 위젯 만들기

위젯스미스(Widgetsmith)는 사진, 시간, 날씨, 달력 등 다양한 위젯을 원하는 크기와 스타일로 직접 만들 수 있는 대표적인 위젯 앱입니다. 필요한 위젯을 만들어 생산성을 한층 높여보세요!

위젯스미스

2. 만들어진 위젯 활용하기

위젯을 일일이 만들기 번거롭다면 이미 꾸밈이 들어간 위젯을 다운로드하는 것도 좋은 방법입니다. 포토위젯(Photo Widget: Simple)과 두잉두잉을 추천하는데요. 아기자기한 할일 목록을 작성할 수 있어 두 앱 모두 인기가 좋습니다.

포토위젯　　　　두잉두잉

독 꾸미기

독(dock)은 '작업 표시줄' 또는 '바로 가기'와 같은 기능입니다. 매일 쓰는 앱을 독에 넣어 두면 더욱 빠르고 편리하게 앱을 실행할 수 있습니다. 독의 왼쪽에는 즐겨 찾는 앱, 오른쪽에는 제안된 앱 및 최근 앱이 나타납니다. 즐겨 찾는 앱은 최대 14개까지 추가할 수 있고 제안된 앱 및 최근 앱은 3개의 앱이 추천됩니다.

하면 된다! } **독에 앱 추가 및 제거하기**

자주 사용하는 앱을 독의 왼쪽(즐겨 찾는 앱)에 추가하면 필요할 때 실행하기 편리합니다. 또한 최근 사용한 앱을 독의 오른쪽에 따로 분류해 주기 때문에 최근 사용한 앱으로 바로 가기에도 유용합니다.

01 독에 앱 추가하기

독에 추가할 앱을 길게 탭해 [홈 화면 편집] 모드로 전환한 후 앱을 드래그해 독으로 이동합니다.

02 [제안된 앱 및 최근 앱 보기]에서 [즐겨 찾는 앱]으로 독 내 이동도 가능합니다.

03 앱을 독에서 제거하려면 앱을 길게 탭한 후 화면 쪽으로 이동합니다. 이때 ⊖ 아이콘을 탭하면 앱이 삭제되니 주의하세요.

04 독에서 최근 앱을 보는 기능을 끌 수도 있습니다. [설정 → 홈 화면 및 앱 보관함]에서 [Dock에서 제안된 앱 및 최근 앱 보기]의 토글 버튼을 비활성화하세요.

05 독에 폴더를 추가할 수도 있습니다.

홈 화면에 있는 폴더를 독에 추가해 보세요!

제어 센터 맞춤 설정하기

제어 센터에서 어떤 기능을 사용할 수 있는지 알아볼까요? 제어 센터는 아이패드에 와이파이를 연결할 때, 아이패드와 에어팟을 연결하기 위해 블루투스를 켤 때, 음량이나 화면의 밝기를 조절할 때, 비행기 모드 등을 설정할 때 등 다양한 상황에 필요합니다.

오른쪽 상단에 있는 모서리를 아래쪽으로 스와이프하면 제어 센터를 열 수 있습니다. 열린 상태에서 위쪽으로 스와이프하면 다시 닫힙니다.

제어 센터에 있는 앱 아이콘을 길게 탭하면 각 기능을 세부적으로 제어할 수 있는 화면이 나타납니다.

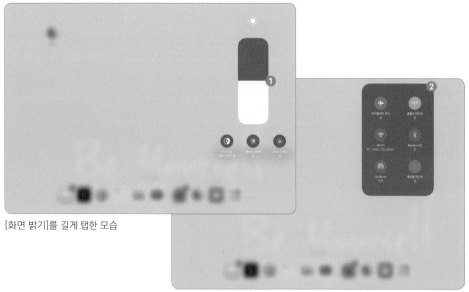

[화면 밝기]를 길게 탭한 모습

[네트워크]를 길게 탭한 모습

하면 된다!} 제어 센터 내 마음대로 꾸미기

01 제어 센터 내 항목 제거 및 추가하기

[설정 → 제어 센터]를 탭합니다. [제어 센터에 포함된 항목]에서 ⊖ 아이콘을 탭한 후
[제거]를 탭해 해당 항목을 제어 센터 목록에서 제거합니다.

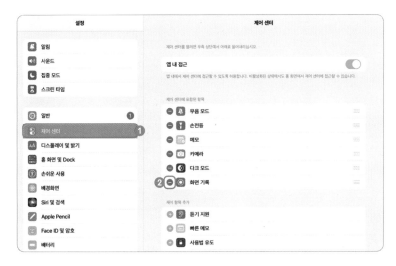

02 톡써니는 이렇게 사용합니다!

저는 [다크 모드], [소리 인식], [무음 모드], [메모], [손전등], [화면 기록], [음성 메모]를
제어 센터에 추가해 뒀어요.

❶ [다크 모드]: 어두운 환경에서 눈이 부시지 않도록 화면 및 인터페이스를 어두운 색으로 변경합니다.

❷ [소리 인식]: 사용자 주변의 화재 경보기, 아기 울음소리, 사이렌 등 다양한 소리를 인식해 아이패드 화
면에 표시합니다.

❸ [무음 모드]: 알림, 벨소리 등을 무음으로 변경합니다.

❹ [메모]: 새로운 메모, 체크리스트, 문서 스캔 등을 빠르게 실행합니다.

❺ [화면 기록]: 화면 기록 아이콘 ◎을 탭하면 약
3초 간의 대기 시간 후 화면 녹화가 시작됩니다.
녹화를 끝낼 땐 오른쪽 상단에 있는 빨간색 아이
콘 ◎을 탭합니다. 녹화된 파일은 사진 앱으
로 바로 저장됩니다.

❻ [음성 메모]: 강의나 회의에 들어갈 때 음성 메모
를 탭하면 유용해요. 하나도 놓치지 않고 꼼꼼하
게 녹취하고 싶다면 활용해 보세요!

톡써니의
**톡톡
꿀팁!**

카페에서 흘러나오는 음악, SNS에서 사용한 음악의 제목이 궁금해요!

귓가에 들리는 음악이 무엇인지 궁금할 때 음악이 끝나기 전에 재빨리 찾아야
겠죠? 음악 인식 기능을 제어 센터에 추가해 볼게요.

1. 제어 센터에서 ➕ 아이콘을 탭해 [음악 인식]을 추가하세요.

2. [음악 인식]이 제어 센터 안에 들어온 것을 볼 수 있습니다. 음악이 들리면
제어 센터를 내려 [음악 인식]을 탭하세요. 음악을 인식해 다음과 같이 음악 제
목을 알려 줍니다.

음악이 무엇인지 쉽게
찾을 수 있어요!

02-5

톡써니의 아이패드 추천 설정

아이패드와 한몸처럼 지내며 다듬어 온 제 아이패드 추천 설정을 소개할게요. 제가 설정해 둔 것을 따라 하며 개인의 필요에 맞게 응용해 보세요!

톡써니 추천! 켜두면 더 편리한 기능 6가지

아이패드를 사용하면서 설정해 두면 아이패드를 더 편하게 사용할 수 있는 기능을 소개합니다. 배터리, 트루 톤 디스플레이 등 추천 맞춤 설정을 따라 해보세요!

1. 배터리 잔량 수치로 표시하기

배터리 잔량을 숫자로 보면 좀 더 정확하게 알 수 있습니다. [설정 → 배터리]에서 [배터리 잔량 표시(%)]의 토글 버튼을 활성화하세요. 배터리 시간까지 예상할 수 있어 오랜 시간 충전하기 어려운 상황에서 유용합니다.

2. 눈의 피로를 덜어 주는 트루 톤 디스플레이

트루 톤(true tone) 디스플레이는 주변 환경에 따라 눈에 가장 적합한 색 온도를 맞추는
것을 말합니다. 특히 밤에 불을 끄고 아이패드를 켜면 차이를 확실히 느낄 수 있어요.
[설정 → 디스플레이 및 밝기]를 탭한 후 [True Tone]의 토글 버튼을 활성화하세요.

제어 센터에서 밝기 버튼을 길게 탭한 후 [True Tone 켬/끔]을 탭해 조절할 수도 있습
니다.

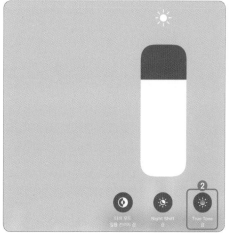

톡써니의

**톡톡
꿀팁!**

영상 편집할 때 분명히 이 색감이 아니었는데
렌더링하고 보니 색감이 달라졌어요!

트루 톤 디스플레이 설정을 켠 상태에서 색감 보정을 했나요? 트루 톤 디스플레
이를 켜면 주변 환경에 따라 영상의 색감이 달라져 정확한 색상 보정이 어렵습
니다. 사진이나 영상을 편집할 땐 트루 톤 디스플레이를 잠시 꺼두세요.

3. 야간에도 즐겁게! 배터리도 아끼는 다크 모드

배터리도 아끼고 눈의 피로도 덜 수 있는 다크 모드를 설정해 볼게요.

[설정 → 디스플레이 및 밝기]를 탭한 후 화면 스타일에서 [다크 모드] 옵션을 선택하세요.

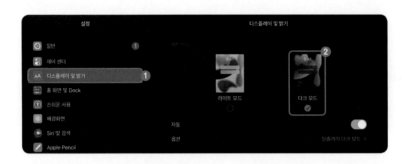

제어 센터에서도 [다크 모드 ◐]를 설정할 수 있습니다.

톡써니의
**톡톡
꿀팁!**

낮에는 라이트 모드, 밤에는 다크 모드로 자동 설정할 수 있어요!

1. [설정 → 디스플레이 및 밝기]를 탭한 후 화면 스타일에서 [자동]의 토글 버튼을 활성화하세요.

2. 옵션 항목이 나타나면 [일몰부터 일출까지] 또는 [사용자 시간 지정]을 선택해 화면 스타일을 자동으로 변경할 시간을 설정합니다.

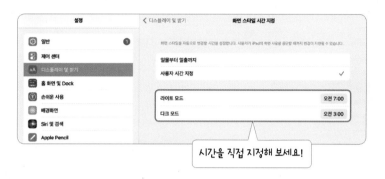

시간을 직접 지정해 보세요!

4. 텍스트 크기 변경하기

아이패드의 글자 크기를 작거나 크게 조절할 수 있습니다.

[설정 → 손쉬운 사용 → 디스플레이 및 텍스트 크기 → 더 큰 텍스트]를 탭한 후 조절바를 스와이프해 글자 크기를 조절합니다.

[볼드체 텍스트]를 활성화하면 굵은 글자로 볼 수 있어요!

조절 바를 좌우로 스와이프해 보세요!

기본 설정보다 글자 크기를 더 키우고 싶다면 [글자 더 크게 조절]의 토글 버튼을 활성화한 후 조절 바를 오른쪽으로 스와이프합니다.

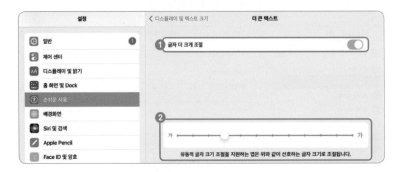

5. 돋보기 기능 사용하기

특정 부분을 일시적으로 크게 보고자 할 때는 돋보기 기능을 사용하는 걸 추천할게요!
[설정 → 손쉬운 사용 → 확대/축소]에서 [확대/축소]의 토글 버튼을 활성화하면 네모
모양의 렌즈 화면이 나타나는데요. 글씨가 렌즈 화면 안으로 확대돼 보입니다.

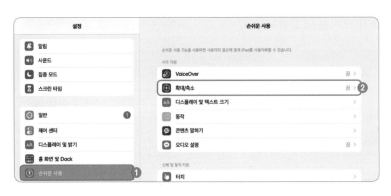

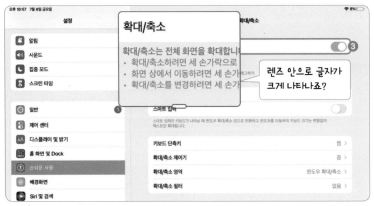

렌즈 화면의 크기가 작다면 크기를 조절할 수 있습니다. 렌즈 하단의 옵션 바를 탭한
후 [렌즈 크기 조절]을 선택합니다. 모서리 부분을 드래그해 보세요.

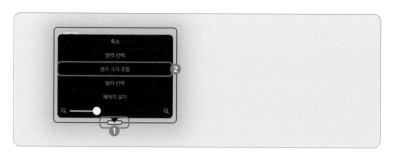

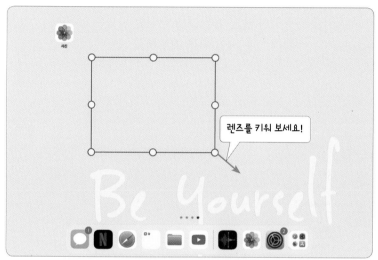

렌즈를 키워 보세요!

톡써니의

톡톡
꿀팁!

돋보기를 빠르게 켜고 싶어요!

세 손가락을 화면에 대고 이중 탭하면 돋보기를 바로 불러올 수 있어요!

6. 배터리 소모 줄이기

모든 기기가 그렇듯이 아이패드 역시 사용 기간이 길어질수록 배터리 시간이 짧아집니다. 배터리 소모를 최소한으로 줄여 배터리 시간을 최대한 확보해 보세요!

하면 된다! } 배터리 소모 최소화하기

01 백그라운드 앱 새로 고침 비활성화하기

백그라운드 앱 새로 고침 기능을 켜둔 앱은 새로운 정보를 꾸준히 확인하고 처리하는데요. 따라서 이 기능을 켜둔 앱이 많을수록 배터리 소모는 클 수밖에 없어요. 지금 당장 사용하지 않는 앱이나 자주 사용하지 않는 앱을 계속 처리할 필요는 없겠죠?

[설정 → 일반 → 백그라운드 앱 새로 고침]에서 자주 사용하지 않는 앱의 토글 버튼을 비활성화하세요.

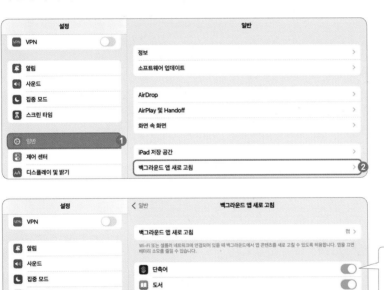

자주 사용하지 않는 앱의 토글 버튼을 비활성화합니다.

02 알림 설정 최소화하기

알이 올 때마다 아이패드의 화면이 켜집니다. 화면이 자주 켜진다면 배터리 소모 역시 커지겠죠? [설정 → 알림]에서 자주 사용하지 않는 앱을 선택한 후 [알림 허용]의 토글 버튼을 비활성화하세요.

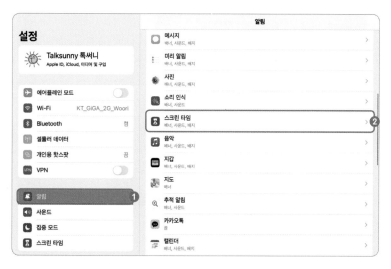

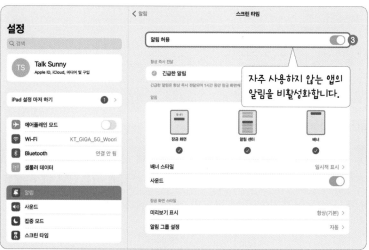

자주 사용하지 않는 앱의 알림을 비활성화합니다.

자동 잠금 설정하기

아무런 조작을 하지 않을 때 아이패드의 화면을 꺼두는 잠금 기능입니다. 영상을 시청할 때는 화면이 꺼지지 않으니 안심해도 됩니다. [설정 → 디스플레이 및 밝기 → 자동 잠금]에서 [2분/5분/10분/15분] 중 원하는 옵션을 선택합니다.

하면 된다! } 단축어로 자동화하는 저전력 모드

저전력 모드는 앱 및 시스템이 소모하는 전력량을 낮춰 배터리 사용 시간을 늘리는 기능입니다. 단축어 설정으로 자동화해 두면 배터리 잔량이 특정 수치에 이르렀을 때 아이패드가 스스로 저전력 모드에 들어가기 때문에 별도의 조치를 취하지 않아도 됩니다.

01 스포트라이트 검색 창을 연 후 단축어라고 입력해 단축어 앱을 엽니다.

스포트라이트 검색 창을 여는 방법은 02-1절을 참고하세요!

02 [자동화 → 새로운 자동화]를 탭합니다.

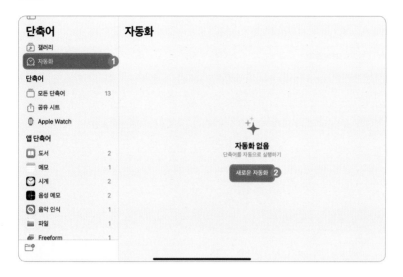

03 [배터리 잔량]을 탭한 후 배터리 잔량 조건을 입력합니다. 저는 [30% 미만으로 내려갈 때]로 설정해 두고 있습니다. 조건 설정을 마쳤다면 [다음]을 탭합니다.

04 [시작하기 → 저전력 모드 설정]을 탭합니다.

05 [완료]를 탭합니다.

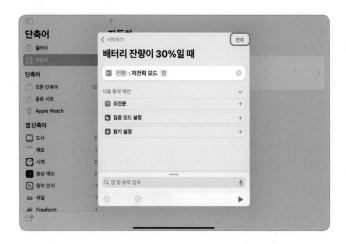

06 알림 설정도 바꾸어 보겠습니다. [즉시 실행], [확인 후 실행], [실행되지 않음] 중 원하는 것을 선택합니다.

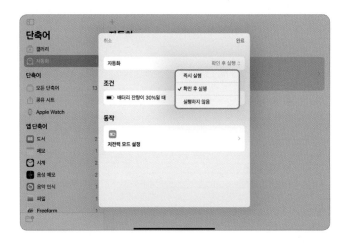

톡써니 추천! 꺼두면 더 편리한 기능 6가지

이번에는 비활성화했을 때 아이패드를 더 편리하게 사용할 수 있는 기능 6가지를 소개합니다. 평소에 사용하지 않거나 개인 정보가 유출될 우려가 있게 설정된 항목들을 비활성화해 주면 아이패드 생활을 보다 쾌적하게 즐길 수 있답니다!

1. 전원 버튼 시리 끄기

아이패드 전원을 켜자마자 묻는 것 중 하나가 시리(Siri)를 사용할 것인지에 관한 질문입니다. 시리는 애플의 소프트웨어 전반에 작동하는 인공지능 개인 비서 애플리케이션이에요. 시리를 켜뒀다면 "시리야" 또는 "헤이 시리"라고 말해 보세요. 여러분의 말에 응답할 거예요.

아이패드 상단에 있는 전원 버튼을 눌러도 시리를 부를 수 있는데요. 잘못 누르는 경우가 많아서 이 기능은 꺼두는 것을 추천합니다. [설정 → Siri 및 검색]을 탭한 후 [상단 버튼 눌러서 Siri 사용]의 토글 버튼을 비활성화해 주세요.

2. iPad 분석 공유 끄기

iPad 분석 공유를 활성화하면 위치 정보부터 앱 사용 내역, 시리와의 대화 내용까지 전부 애플에 전송합니다. 개인정보를 공유하기 싫다면 이 기능을 비활성화하는 것이 좋습니다. [설정 → 개인정보 보호 및 보안 → 분석 및 향상]에서 [iPad 분석 공유]의 토글 버튼을 비활성화합니다.

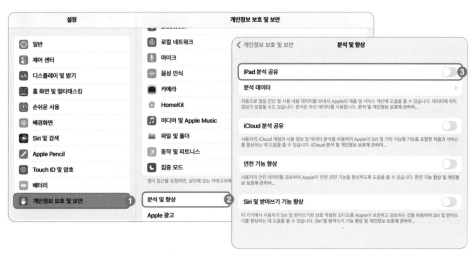

3. 위치 서비스 끄기

위치 정보를 가져가는 앱을 효율적으로 관리해 소중한 개인 정보를 보호할 수 있습니다. [설정 → 개인정보 보호 및 보안 → 위치 서비스]에서 [위치 서비스]의 토글 버튼을 비활성화하거나 불필요한 앱의 설정을 바꿔 주세요.

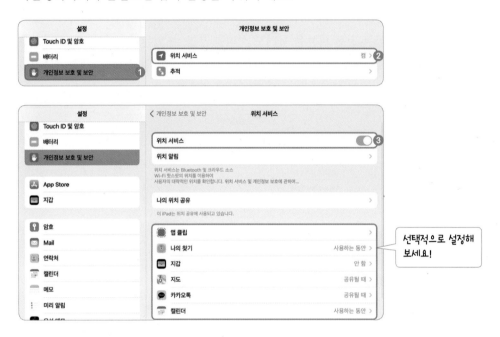

4. 특별한 위치 끄기

과거 방문했던 장소의 위치가 추적 및 기록됩니다. 특히 카메라로 사진을 촬영하면 촬영한 위치 정보를 볼 수 있는데요. 기록을 원치 않는다면 해당 기능을 꺼두는 것이 좋습니다. [설정 → 개인정보 보호 및 보안 → 위치 서비스 → 시스템 서비스 → 특별한 위치]에서 [특별한 위치]의 토글 버튼을 비활성화합니다.

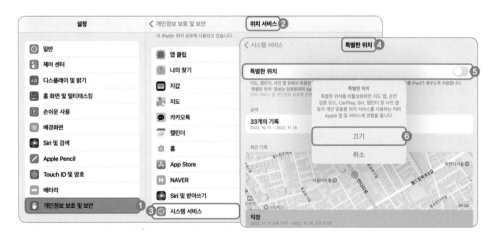

5. 앱 내 평가 및 리뷰 비활성화하기

앱을 사용하는 도중에 앱에 대한 피드백을 요청하는 것을 비활성화할 수 있습니다.
[설정 → App Store]에서 [앱 내 평가 및 리뷰]의 토글 버튼을 비활성화합니다.

6. 마이크 및 카메라 비활성화하기

마이크나 카메라 기능이 불필요한 앱을 찾아 비활성화하면 개인 정보를 보호할 수 있습니다. [설정 → 개인정보 보호 및 보안 → 마이크/카메라]를 탭합니다.

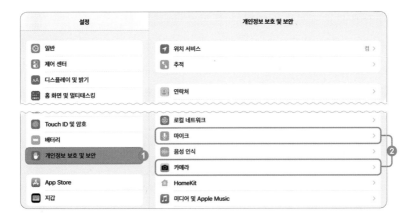

마이크 또는 카메라를 비활성화하고 싶은 앱의 토글 버튼을 비활성화하세요.

02-6

저장 공간을 관리하는 아이클라우드

아이클라우드란?

아이클라우드(iCloud)는 애플에서 제공하는 클라우드 동기화 서비스입니다. 애플 제품을 잘 활용할 수 있는 첫 번째 방법이 바로 아이클라우드 관리인데요. 아이클라우드를 이용하면 애플 기기 간에 모든 정보를 동기화할 수 있기 때문입니다.

맥북의 메모 앱에서 쓴 글이 실시간으로 아이패드의 메모 앱으로 동기화되는 것도 아이클라우드 서비스 덕분입니다. 메모뿐 아니라 사진, 연락처, 문서 등도 아이클라우드로 동기화할 수 있습니다. 다운로드한 앱 또한 동기화되는데요. 아이패드에서 다운로드하고 아이클라우드를 활성화해 두면 아이폰에서도 다운로드됩니다. 새로운 아이패드를 구매해도 기존의 아이패드에 있는 정보를 그대로 가져올 수 있답니다.

아이클라우드 저장 공간 관리하기

애플 계정 1개당 무료로 사용할 수 있는 저장 공간은 5GB입니다. 저장 공간을 늘릴수록 비용이 늘어나는데 50GB에 월 1,100원, 200GB에 3,300원, 2TB에 11,100원, 6TB에 44,000원, 12TB에 88,000원의 요금이 부과됩니다.

기본 제공되는 5GB만 사용한다면 사진 동기화는 꺼두는 것이 좋은데요. 사진이 저장 공간을 많이 차지하기 때문입니다. 아이클라우드에서 가장 큰 용량인 12TB도 작은 저장 공간은 아니지만, 제한된 저장 공간으로부터 아주 자유롭지는 않으니 장기적으로 본다면 아이클라우드 저장 공간을 틈틈이 관리할 필요가 있습니다.

하면 된다! } 아이클라우드 저장 공간 요금제 변경하기

01 [설정 → Apple ID → iCloud → 계정 저장 공간 관리]를 탭합니다.

02 [저장 공간 요금제 변경]을 탭한 후 사용 중인 옵션과 업그레이드 옵션, 다운그레이드 옵션을 확인하고 원하는 옵션을 선택합니다.

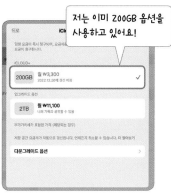

저는 이미 200GB 옵션을 사용하고 있어요!

하면 된다! } 가족과 아이클라우드 공유하기

가족 구성원이 애플 제품을 사용한다면 아이클라우드를 공유할 수 있습니다. 최대 5명의 가족 구성원을 초대(본인 포함 6명)할 수 있는데요. 가족 사진 앨범을 함께 사용할 수 있고 앱 구매 콘텐츠도 공유할 수 있다는 장점이 있습니다. 물론 원하는 항목은 숨김으로 둘 수도 있습니다.

01 성인인 가족 대표 한 명이 [설정 → Apple ID → 가족 공유]를 탭합니다.

02 [다른 사람 초대]를 탭한 후 에어드롭, 메일, 메시지를 통해 초대를 전송합니다. [직접 초대]를 탭한 후 가족 구성원의 애플 계정을 등록해 초대를 전송할 수도 있습니다.

03 가족 구성원을 이미 초대한 적이 있다면 [멤버 추가]를 탭해 초대를 바로 전송할 수 있어요! 초대를 완료하면 가족 탭이 생성되고, 연결한 가족 구성원 목록을 볼 수 있습니다.

하면 된다! } 아이클라우드 동기화 끄기

아이클라우드 동기화를 많이 사용하지도 않았는데 아이클라우드 저장 공간이 부족하다는 알림이 계속 표시되나요? 각종 앱의 불필요한 정보가 아이클라우드 저장 공간을 차지하고 있을 수 있어요. 동기화를 꺼서 아이클라우드에 자동으로 저장되는 것을 차단해 볼까요?

01 아이클라우드의 저장 공간을 확인하기 위해 [설정 → Apple ID → iCloud]를 탭하세요.

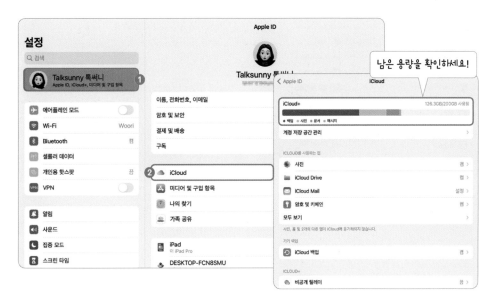

02 아이클라우드를 사용하는 앱 중에서 동기화할 필요가 없는 앱은 토글 버튼을 비활성화하세요. 예를 들어 사용하지 않는 주식 앱이나 자주 들어가지 않는 쇼핑몰 앱을 굳이 아이클라우드에 저장할 필요는 없겠죠?

03 이번에는 [계정 저장 공간 관리 → 백업]을 탭합니다.

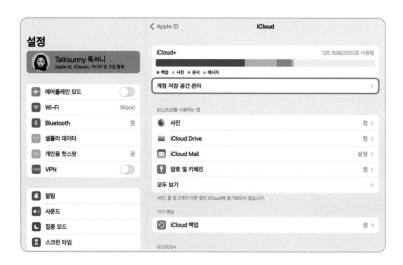

04 [내 아이패드]를 선택한 후 사용하지 않는 앱의 토글 버튼을 비활성화합니다.

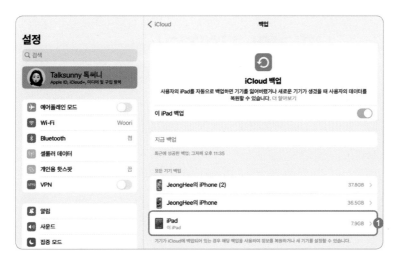

톡써니의
**톡톡
꿀팁!**

아이클라우드에 올라갔다고 해서 지우지 마세요!

아이클라우드는 동기화 서비스예요. 사진 앱에 아이클라우드를 활성화했다고 해서 차곡차곡 저장되는 것이 아니라 아이패드에서 해당 사진을 지우면 아이클라우드에서도 지워집니다. 사진은 물론 다른 파일도 마찬가지이니 아이클라우드에 올라갔다고 해도 지우면 안 됩니다!

〈아이클라우드 관리〉
영상 보기

02-7

사파리와 친해지기

애플 전용 검색 엔진, 사파리

사파리(Safari)는 애플의 웹 브라우저입니다. 윈도우에서 마이크로소프트 엣지(Microsoft Edge), 구글 크롬(Google Chrome) 등을 사용하는 것처럼 애플 기기에서는 사파리를 사용합니다. 사파리의 기능을 잘 활용하면 더욱 효율적으로 사용할 수 있답니다.

사파리 필수 기능 8가지

사파리 이용에 불편한 점이 있었나요? 혹시 몰랐던 기능들이 있지는 않은지 한번 확인해 보세요!

1. 앞으로 가기·뒤로 가기

⟩ 아이콘을 탭하면 현재 보고 있는 페이지의 앞으로, ⟨ 아이콘을 탭하면 페이지의 뒤로 이동합니다. 두 아이콘을 길게 탭하면 페이지 방문 히스토리가 나와 전후 페이지로 더욱 빠르게 점프할 수 있습니다.

길게 탭하면 방문 히스토리를 볼 수 있어요!

2. 즐겨찾기로 저장하기

자주 찾는 사이트는 즐겨찾기로 저장해 두는 것이 좋겠죠? 사파리 오른쪽 상단에 있는 공유 아이콘 ⬆️을 탭한 후 [즐겨찾기에 추가]를 선택하면 해당 페이지를 즐겨찾기로 저장할 수 있습니다.

책 모양 아이콘 📖을 탭한 후 [책갈피 → 즐겨찾기]를 탭하면 즐겨찾기로 등록한 페이지 목록이 나타납니다.

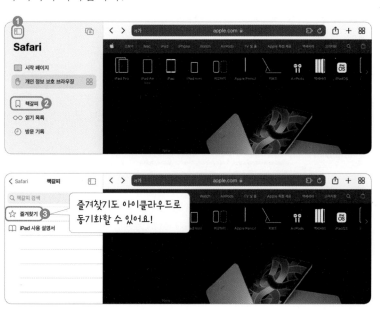

3. 읽기 목록에 추가하기

관심 있는 페이지를 발견했을 때 읽기 목록에 추가해 두면 나중에도 쉽게 확인할 수 있는데요. 즐겨찾기처럼 사이트를 저장하는 것이 아니라 기사, 클립 등 페이지의 일부분을 저장한다는 점에서 조금 다릅니다. 사파리의 오른쪽 상단에 있는 공유 아이콘 ⬆️을 탭한 후 [읽기 목록에 추가]를 탭합니다.

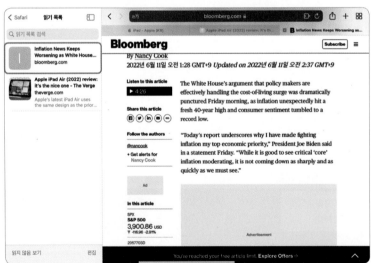

[설정 → Safari]에서 [자동으로 오프라인 저장]의 토글 버튼을 활성화하면 인터넷이 연결돼 있지 않아도 읽기 목록에 저장된 페이지의 콘텐츠를 볼 수 있답니다. 비행기 내, 산속 등 인터넷이 원활하지 않은 장소에 있거나 갑자기 데이터가 원활하지 않은 경우에 유용합니다.

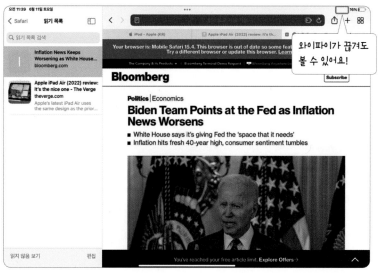

중요한 내용은 [읽지 않음으로 표시] 설정하기!

저는 이미 확인한 내용도 중요하다고 생각하면 해당 페이지 탭을 길게 눌러 [읽지 않음으로 표시]를 설정하는데요. 그러면 보기 목록에서 바로 확인할 수 있습니다. 읽기 목록 상태 역시 아이클라우드 동기화를 통해 모든 기기에서 동일하게 설정할 수 있습니다.

4. 방문 기록 확인하기

앞으로 가기 아이콘 ⟩ 또는 뒤로 가기 아이콘 ⟨ 을 길게 탭하면 방문 기록이 나타났었죠?

방문 기록을 책갈피로 보면 좀 더 자세하게 볼 수 있습니다.

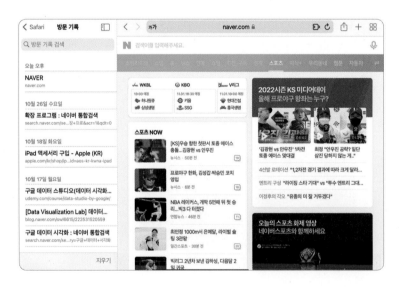

5. 다운로드 파일 확인하기

오른쪽 상단에 있는 다운로드 보기 아이콘 ⓓ을 탭하고 돋보기 아이콘 🔍을 탭하면
파일 앱이 열리면서 사파리에서 다운로드한 파일의 목록을 볼 수 있습니다.

내가 원하는 장소에 바로 다운로드하자!

[설정 → Safari → 다운로드 → 기타...]를 탭해 파일을 다운로드할 저장 위치를
설정할 수 있습니다. 파일을 저장할 기기 또는 폴더를 바꿔 보세요!

6. 자주 가는 페이지 홈 화면에 추가하기

사파리를 알차게 활용하기 위해 필수적으로 알아야 하는 기능입니다. 공유 아이콘 🔼을 탭한 후 [홈 화면에 추가]를 탭하면 홈 화면에 해당 페이지의 바로 가기 아이콘을 생성할 수 있습니다.

현재 보고 있는 기사나 자료에 밑줄 쫙~ PDF 파일로 바꿔 공유하세요!

사파리의 오른쪽 상단에 있는 공유 아이콘 🔼을 탭한 후 [마크업]을 선택합니다. 현재 보고 있는 페이지를 캡처해 PDF 파일로 전환한 후 그 위에 메모를 할 수 있답니다. 학교 과제로 자료를 조사하고 첨부할 때나 회사에서 주요 기사를 스크랩해 보고할 때 유용합니다.

필기한 페이지를 파일에 저장하거나 다른 앱으로 공유할 수 있습니다.

7. 탭 추가하고 닫기

새로운 페이지에서 검색을 시작하고 싶다면 탭 추가 아이콘 ⊕을 탭하세요.

탭 아이콘 ⃞을 길게 누른 후 [N개의 탭 모두 닫기]를 선택하면 현재 열려 있는 모든 탭이 한꺼번에 닫힙니다. 탭이 너무 많이 열려 있어 지우기 번거로울 때 이 방법을 이용하면 빠르게 정리할 수 있습니다. 한편, 탭 아이콘 ⃞을 짧게 탭하면 열어 둔 모든 탭을 한눈에 볼 수 있습니다.

톡써니의

톡톡
꿀팁!

삭제한 탭을 다시 살리고 싶어요!

탭 추가 아이콘 ⊕을 길게 탭하면 최근에 닫은 탭 목록이 나타납니다. 실수로
탭을 삭제한 경우, 이 기능을 사용하면 사라졌던 탭을 다시 불러올 수 있습니다.

8. 기본 브라우저 앱 변경하기

사파리는 아이패드의 기본 웹 브라우저인데요. 사파리 대신 크롬, 웨일 등을 기본 브라
우저로 설정할 수도 있습니다. [설정 → 원하는 브라우저 앱 → 기본 브라우저 앱]을 탭
한 후 다시 원하는 웹 브라우저 앱을 선택합니다.

사파리의 숨은 기능 6가지

사파리의 수많은 기능 중에서도 많은 사용자가 모르는 특급 기능 6가지를 소개할게요.
이제 사파리를 한층 더 활용도 있게 이용할 수 있을 거예요.

1. 전체 화면 캡처하기

사파리로 검색을 하다가 페이지 전체를 캡처하고 싶을 때가 있죠? 스크린샷을 찍고 캡
처 화면 상단에 있는 [전체 페이지]를 탭한 후 [완료]를 탭해 보세요.

스크린샷 방법은 02-2절
을 참고하세요.

[파일 앱에 모두 저장]을 탭하고 저장 위치를 선택하면 사파리의 페이지 전체가 PDF로
저장됩니다.

저장된 PDF 파일을 확인해 보세요!

아이패드 화면과 관계없이 페이지 전체가 캡처됩니다.

2. 확장 프로그램 추가하기 iPadOS 15 이상

iPadOS 15 버전부터는 사파리 확장 프로그램이 지원됩니다. 기존에는 확장 프로그램의 확장성 부족으로 크롬 웹 브라우저를 많이 활용했는데요. 이제 확장 프로그램의 지원으로 사파리의 활용성이 배가 됐답니다.

[설정 → Safari → 확장 프로그램]을 탭하면 현재 설치된 확장 프로그램을 관리할 수 있습니다.

[확장 프로그램 더 보기]를 탭하면 앱 스토어 내 [Safari 확장 프로그램] 화면으로 연결
됩니다. 추가하고 싶은 프로그램을 검색해 설치할 수 있어요.

사파리 창에서도 확장 프로그램을 관리할 수 있는데요. 주소 창 오른쪽에 있는 확장 프
로그램 보기 아이콘 🔌을 탭하면 설치된 확장 프로그램이 나타납니다.

3. 웹 페이지 번역하기 `iPadOS 16 이상`

iPadOS 16부터 번역기를 별도로 설치하지 않아도 사파리 자체에서 한국어 번역을 할 수 있습니다.

사파리 주소 창에 있는 가가를 탭한 후 [한국어로 번역]을 탭합니다. 해외 뉴스 기사가 한국어로 번역된 것을 확인할 수 있습니다.

영문 기사가 전부 한국어로 바뀌었어요!

4. 화면 속 화면으로 영상 보면서 검색하기

화면 속 화면(picture-in-picture, PIP)은 스플릿 뷰나 슬라이드 오버 화면 분할처럼 멀티태스킹 기능을 이용해 비디오나 페이스 타임을 작은 창으로 볼 수 있는 기능입니다. [설정 → 멀티태스킹 및 제스처 → 화면 속 화면]에서 [화면 속 화면 자동 시작]의 토글 버튼을 활성화합니다.

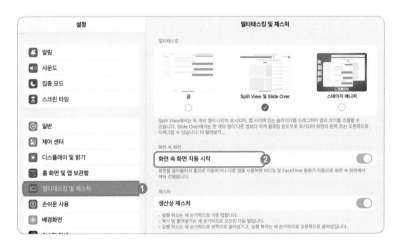

톡써니의
톡톡 꿀팁!

유튜브를 켜두고 다른 작업을 하고 싶어요!

현재 유튜브 앱에서 화면 속 화면 기능을 정식으로 이용할 수는 없습니다(2024년 기준). 그런데 사파리에서 유튜브를 켜면 화면 속 화면 기능을 이용할 수 있어요. 이제 유튜브 프리미엄을 결제하지 않아도 사파리의 화면 속 화면 기능을 통해 유튜브나 유튜브 뮤직을 켜두고 다른 작업을 할 수 있답니다!

사파리에서 유튜브를 '전체 화면'으로 켜두고 홈 화면으로 나가면 영상이 꺼지지 않고 재생 상태가 유지됩니다. 사파리로 검색을 하고자 할 경우 유튜브가 재생되고 있는 탭이 아닌 새로운 탭을 열어 검색하면 됩니다.

다른 탭을 열어도 유튜브가 끊기지 않아요!

화면 속 화면으로 나오는 사파리 앱 속 유튜브

5. 보기 싫은 광고 차단하기 — 유니콘 앱 [유료]

인터넷 기사에 들어갔다가 보기 싫은 광고를 어쩔 수 없이 보게 되는
경우가 많습니다. 이때 유니콘 앱을 활용하면 사파리 생활을 훨씬 원활
하게 할 수 있습니다.

유니콘 앱을 실행한 후 [필터]에서 차단하고 싶은 광고 유형에 체크 표시를 해보세요.

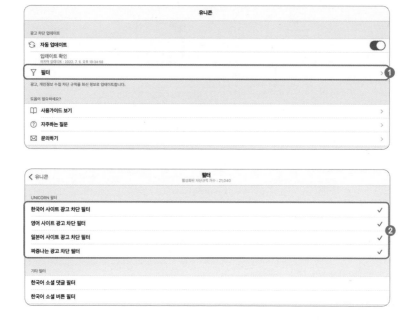

[설정 → Safari → 확장 프로그램]에서 [유니콘]의 토글 버튼을 활성화하세요.

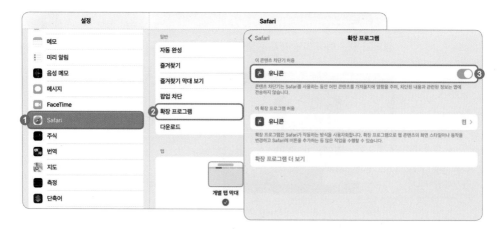

광고나 팝업 없이 인터넷 서핑을 할 수 있습니다.

6. 사파리 전체에 다크 모드 적용하기

아이패드에서는 다크 모드를 지원하지만 여전히 사파리 앱은 상태 표시줄 부분만 어둡게 나타나고 웹 페이지 영역에는 다크 모드가 적용되지 않습니다. 이때 단축어를 사용하면 사파리에서 완벽한 다크 모드를 즐길 수 있어요.

애플 단축키 공유 사이트(shortcutsgallery.com)에 접속한 후 Safari Dark Mode의 [Get Shortcut]을 탭하면 단축어 앱이 열립니다.

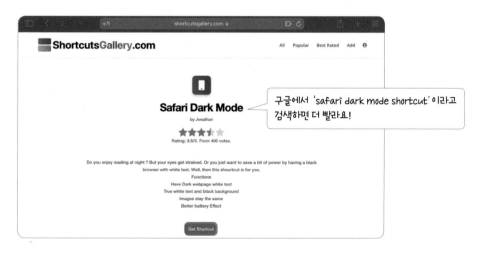

Safari Dark Mode의 [단축어 설정]을 탭한 후 [단축어 추가]를 탭합니다.

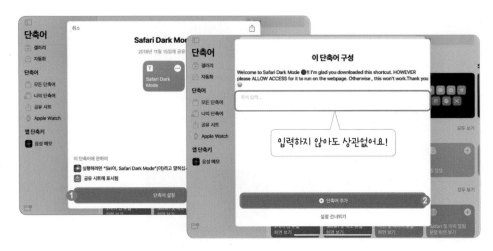

사파리를 열어 공유 아이콘 📤을 탭한 후 [Safari Dark Mode]를 탭하면 완벽한 다크
모드가 됩니다.

톡써니의

**톡톡
꿀팁!**

'웹 페이지에서 JavaScript 실행' 동작을 실행할 수 없대요!

스크립트 실행 기능 비활성화로 에러가 발생하는 경우, [설정 → 단축어 → 고급]에서 [스크립트 실행 허용]의 토글 버튼을 활성화하세요. 다시 사파리에서 [Safari Dark Mode]를 탭하면 다크 모드가 정상적으로 실행됩니다.

톡써니의

**톡톡
꿀팁!**

다크 모드를 끊기지 않게 계속 사용하고 싶어요!

Safari Dark Mode 단축어는 다크 모드를 지원하지 않는 웹 사이트에서 유용하게 사용할 수 있지만, 화면이 변경될 때마다 설정해야 하기 때문에 다소 번거롭습니다. 여러 번 반복하는 다크 모드 작업이 불편한 경우, Dark Reader for Safari 앱(유료, 6,600원)을 다운로드하면 사파리 내에서 다크 모드를 좀 더 원활하게 사용할 수 있습니다.

02-8

메신저로 소통하기

아이패드를 사용하면서 검색 창만큼이나 자주 여는 것이 메신저 앱입니다. 저만 그런
건 아니겠죠? 제가 자주 사용하는 메신저 앱의 설정 및 사용법을 공유할 테니 따라 해보
세요!

애플 전용 메신저, 아이메시지

아이메시지(iMessage)는 와이파이나 셀룰러 데이터 네트워크를 이용
해 문자, 사진, 비디오를 보내는 애플의 메신저 앱입니다. SMS/MMS
메시지와 달리 항상 암호화돼 전송됩니다.

[설정 → 메시지]에서 [iMessage]의 토글 버튼으로 사용 여부를 설정
할 수 있습니다.

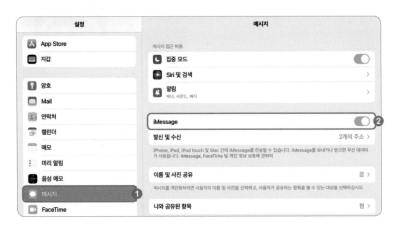

하면 된다! } 전송한 메시지 편집 및 전송 취소하기 `iPadOS 16 이상`

iPadOS 16부터 이미 전송한 메시지를 편집하거나 취소할 수 있습니다.

01 메시지 편집하기

보낸 메시지를 길게 탭한 후 [편집]을 탭합니다. 내용을 바꿔 다시 전송해 보세요!

02 메시지 전송 취소하기

보낸 메시지를 다시 길게 탭한 후 [전송 취소]를 탭합니다.

하면 된다! } 재미있는 효과 메시지 보내기

아이메시지를 활용하면 입체적이고 재미있는 효과가 담긴 메시지를 전송할 수 있습니다. 특별한 날을 맞아 새해 인사, 감사 인사 등을 보낼 때 이 효과를 추가해 기분 좋은 인사를 전할 수 있는데요. 이때 아이메시지의 특수 효과는 애플 기기를 통해서만 수신할 수 있어요. 수신자가 애플 기기를 사용하지 않는다면 특수 효과는 보이지 않고 단순 텍스트로 보입니다.

01 아이메시지 앱을 연 후 내용을 입력하고 전송 아이콘 ⬆을 길게 탭합니다. [특수 효과 보내기] 모드로 바뀌는 것을 확인할 수 있습니다.

02 화면 상단에 있는 [풍선/화면] 옵션을 하나씩 탭해 보세요. 다양한 효과가 텍스트 위에 추가되는 것을 알 수 있습니다. 원하는 효과를 선택한 후 다시 한번 전송 아이콘 ↑을 탭하세요.

[화면] 옵션으로 전환해 보세요!

[풍선] — 강하게

[화면] - 스포트라이트와 함께 보냄

[화면] - 풍선과 함께 보냄

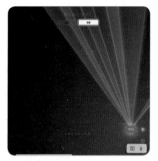

[화면] - 색종이 조각과 함께 보냄

[화면] - 하트와 함께 보냄

[화면] - 레이저와 함께 보냄

[화면] - 불꽃놀이와 함께 보냄

[화면] - 폭죽과 함께 보냄

하면 된다! } 미모티콘을 활용한 영상 편지 보내기

01 메시지 대화 창의 하단에 있는 ⊕ 아이콘을 탭합니다. 더 보기 아이콘 ⊙을 탭한 뒤 미모티콘 아이콘 🐵을 탭합니다. 다양한 캐릭터가 보이죠? 오른쪽 하단에 있는 녹화 아이콘 ⦿을 탭하면 30초 동안 나의 표정을 따라 하는 캐릭터 영상 편지를 만들 수 있습니다. 전송 아이콘 ⬆을 탭하면 전송이 완료됩니다.

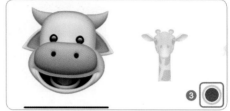

Face ID 사용을 지원하는 아이패드만 할 수 있어요!

하면 된다! } 예술적인 메시지 만들기

01 메시지 대화 창의 하단에 있는 ⊕ 아이콘을 탭합니다. 더 보기 아이콘 ⊙을 탭한 뒤 Digital Touch 아이콘 ◉을 탭합니다.

02 상단에는 색을 선택하는 창, 가운데에는 메시지를 작성하는 창, 왼쪽 하단에는 카메라 창이 있습니다.

메시지 작성 창에 자유롭게 메시지를 그린 후 전송 아이콘 ⬆️을 탭해 메시지를 보낼 수 있으며 수신자는 그림이나 글씨를 쓰는 과정을 동영상으로 받아 볼 수 있습니다.

03 카메라 창에 있는 비디오 아이콘 🎥을 탭하면 카메라가 찍고 있는 피사체 위에 메시지를 그릴 수 있습니다.

하면 된다! } 아이메시지에 스티커 추가하기 `iPadOS 17 이상`

아이메시지에는 정말 재밌는 기능이 많은데요. iPadOS 17 업데이트로 받은 메시지에 나의 반응을 보여줄 수 있는 스티커 기능이 추가됐습니다.

01 받은 메시지를 길게 탭한 후 [스티커 추가]를 탭합니다.

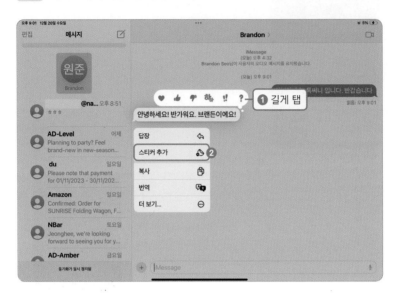

02 스티커를 길게 탭해 나온 메뉴에서 [효과 편집]을 탭하면 스티커에 다양한 효과가 덧입혀집니다.

스티커 광택 효과

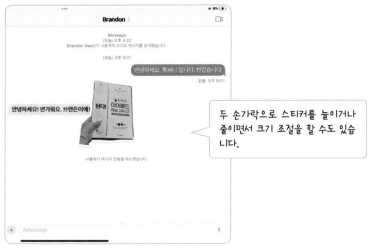

두 손가락으로 스티커를 늘이거나 줄이면서 크기 조절을 할 수도 있습니다.

스티커 윤곽 효과

03 메시지에 스티커가 추가됐습니다.

톡써니의 톡톡 꿀팁!

텍스트 대치로 자주 쓰는 문구를 자동 완성하세요!

지인들과 연락을 하다 보면 이메일, 계좌번호, 전화번호 등 반복적인 문구를 주고받는 경우가 많은데요. 매번 쓰는 숫자들은 일일이 적기 귀찮죠? 자주 사용하는 문구를 나만의 단축키로 저장해 두면 이러한 번거로움을 덜 수 있습니다.

[설정 → 일반 → 키보드 → 텍스트 대치]에서 추가할 수 있는데, 기본적으로 'ㅈ ㄱㅈ'을 입력하면 '지금 가는 중!'이라고 바뀌는 텍스트 대치가 저장돼 있습니다.

메신저 앱뿐 아니라 텍스트를 입력하는 모든 앱에서 단축키에 입력한 텍스트를 입력하면 문구에 입력한 내용이 나타납니다.

국민 메신저, 카카오톡

2018년 12월부터 아이패드에서도 카카오톡을 사용할 수 있게 됐습니다. 아이패드 사용자들이 애타게 기다린 만큼 반응도 폭발적이었는데요. 아이패드로 카카오톡을 다룰 때 꼭 알아야 할 내용을 알아볼게요!

줄 바꿈하기

아이패드의 카카오톡 앱에서 메시지를 적다가 Enter 를 탭하면 바로 메시지가 전송됩니다. 줄 바꿈을 해서 메시지를 입력하려면 Shift + Enter 를 누르세요.

[Shift]를 누르는 것이 헷갈린다면 [•••] → ⚙ → 채팅]을 탭한 후 [키보드 관리]에서
[Enter키로 메시지 전송]의 토글 버튼을 비활성화하세요.

긴 대화 내용을 한 장의 사진으로 캡처하기

카카오톡에서 스크롤을 해야 볼 수 있는 정도의 긴 대화 내용을 한 번에 캡처할 수 있
습니다. 대화 창의 왼쪽 하단에 있는 ⊕ 아이콘을 탭한 후 [캡처]를 탭해 보세요.

캡처를 시작하고 싶은 첫 말풍선과 마지막 말풍선을 한 번씩 탭한 후 오른쪽 하단에 있는 다운로드 아이콘 ⊥을 탭하면 캡처 내용이 사진 앱에 저장됩니다.

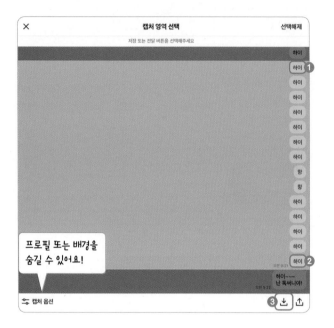

잠깐! 상대방의 프로필을 가리고 싶어요!

먼저 첫 말풍선과 마지막 말풍선을 눌러 캡처 영역을 선택한 후 [캡처 옵션]을 눌러 프로필 또는 배경을 선택해 저장/공유할 수 있어요. 프로필 항목으로 [모자이크] 또는 [카카오프렌즈]를 선택하면 상대방의 프로필과 대화명이 모자이크 또는 카카오프렌즈 캐릭터로 바뀐답니다!

톡써니 추천! 아이패드 필수 유·무료 앱

앱 스토어의 카테고리에서 [앱]을 탭한 후 아래로 내려가면 유·무료 앱 순위가 나타납니다. 어떤 앱을 먼저 설치해야 할지 모르겠다면 무료 앱 순위대로 차근차근 사용해 보는 것도 좋아요. 제가 아이패드를 사용하면서 유용하다고 생각했던 앱들을 소개할게요.

무료 앱	설명
계산기 for iPad +	기본 계산기는 무료로 사용할 수 있지만, 월 4,000원의 금액을 지불하면 단위 변환, 환율 계산, 분수 계산, BMI 계산 등 좀 더 전문적인 공학용 기능을 사용할 수 있습니다.
Disney+	2021년부터 디즈니플러스 OTT 서비스를 한국에서도 이용할 수 있게 됐는데요. 디즈니, 픽사, 마블, 스타워즈, 내셔널지오그래픽 등을 하나의 앱에서 즐길 수 있어 인기가 많습니다.
Google Chrome	크롬을 기본 브라우저로 사용한다면 설치하세요. 앱 설치 후 홈 화면에 위젯을 설치하면 더욱 빠르게 검색할 수 있습니다.
ChatGPT	어디에나 사용할 수 있는 나의 개인 비서, ChatGPT를 아이패드에서도 이용할 수 있습니다. 궁금한 것을 빠르게 물어보고 싶을 때 편리합니다.
폴라리스 오피스	워드, 스프레드시트, 프레젠테이션, PDF까지 다양한 확장자를 지원합니다. 특히, 한컴 오피스의 HWP 확장자가 호환되기 때문에 국내 애플 사용자들의 문서 작업 필수 앱이기도 합니다.
Microsoft PowerPoint	마이크로소프트 오피스 시리즈로, 1개월 동안 무료로 사용한 후 Microsoft 365를 구독해야 계속 사용할 수 있습니다. 아이패드로 프레젠테이션을 작성하고 미러링을 사용해 발표할 수 있습니다.
Microsoft Word	전 세계 대표 문서 작성 프로그램으로 아이패드를 활용해 어디서든 문서 작업을 할 수 있습니다. 1개월 동안 무료로 사용한 후 Microsoft 365 구독을 통해 계속 사용할 수 있습니다.
한컴 독스	업무, 강의, 관공서 등 다양한 곳에서 사용하기 때문에 활용도가 높은 앱입니다. 한글 문서(HWP) 작업을 위해 사용합니다.

유료 앱	설명
GoodNotes 6	굿노트 때문에 아이패드를 구입한다고 할 정도로 아이패드를 최고의 노트로 만들어 주는 앱입니다. 다이어리용 또는 강의 필기용으로 아주 인기예요. 무료로 다운로드할 수 있지만 제대로 활용하기 위해서는 유료 결제가 필수입니다.
Procreate	굿노트와 쌍벽을 이루는 대표적인 아이패드 앱, 프로크리에이트입니다. 전문 기술이 없더라도 제공되는 다양한 브러시와 드로잉 도구, 레이어 시스템으로 스케치, 그림, 일러스트를 구현할 수 있습니다.
한국사 능력	한국사능력검정시험을 준비하는 취업 준비생의 필수 앱입니다. 깔끔한 인터페이스와 다크 모드를 지원하며, 시대/영역 등 키워드별 요점정리/문제풀이/채점 및 해설보기/주요 개념 복습하기 등을 지원합니다.
Nomad Sculpt	노마드 스컬프는 직관적이며 사용자 친화적인 UI로 누구나 쉽게 3D 모델링을 할 수 있는 앱입니다. 아이패드와 애플 펜슬을 활용하여 언제 어디서나 작업을 할 수 있습니다.
LumaFusion	루마퓨전은 애플 기기 전용 영상 편집 앱입니다. 아이패드 프로의 성능이 웬만한 랩톱보다 좋아지면서 인기를 끌게 됐어요. 아이패드에 마우스까지 지원되면서 활용도가 훨씬 더 높아졌습니다.
Twomon SE(투몬 SE)	아이패드를 듀얼 모니터로 활용할 수 있는 앱입니다. 사이드카는 iOS 기기만을 지원하지만, 투몬 SE를 사용하면 윈도우 PC에서도 아이패드를 듀얼 모니터로 활용할 수 있습니다. USB 연결이 따로 필요합니다.
Jump Desktop (RDP, VNC, Fluid)	점프 데스크톱은 맥이나 윈도우 PC를 원격으로 제어할 수 있는 앱입니다. 편리한 UI 및 사용방법으로 손쉽게 다른 PC를 제어할 수 있습니다.
nPlayer	아이패드 최고의 동영상 앱입니다. 클라우드(구글 드라이브, 드롭 박스 등), 대용량 저장 장치 나스, 공유기, 외장 하드 등에 연결해 네트워크로 동영상을 볼 때 유용합니다. 인코딩 없이도 동영상을 볼 수 있습니다.
유니콘	사파리로 뉴스를 볼 때 광고를 제거해 주는 앱이에요. 보기 싫은 광고는 이제 그만! 아주 쾌적한 검색 창으로 변신해요.
Forest	포레스트는 디지털 디톡스를 할 수 있게 도와주는 앱입니다. 기기를 만지지 않으면 나무가 자라나요. 공부를 해야 하거나 SNS를 멈추고 싶을 때 사용하면 집중도를 높일 수 있습니다.

일잘러의 아이패드 활용법

저는 대부분의 업무를 아이패드로 처리하고 있어요. 아침에 아이패드를 열어 업무 메일 위젯을 통해 메일을 확인하고 달력 앱을 보면서 오늘의 일정을 체크합니다. 아이패드를 들고 회의에 참석해 주요 내용을 메모하고 애플 펜슬로 계약서에 서명도 하죠.

돌이켜 보니 지난 일주일 간 맥북의 전원을 켠 게 몇 번 안 되네요. 업무의 생산성을 높이기 위한 아이패드 활용법을 소개합니다.

03-1 ★ 중요한 메일을 놓치지 말자

03-2 ★ 일정을 똑똑하게 관리하자

03-3 ★ 메모는 업무의 기본!

03-4 ★ 문서 작업은 이렇게!

03-5 ★ 원격 근무도 문제 없는 제2의 PC!

03-1

중요한 메일을 놓치지 말자

메일 앱으로 모든 메일을 한눈에!

여러분은 몇 개의 메일 주소를 사용하나요? 저는 업무용으로 지메일과 네이버 메일을 사용하고 개인 메일로 다음 메일을 사용합니다. 여러 개의 메일 주소를 사용하다 보니 가끔 중요한 메일을 놓칠 때가 있는데요. 메일 앱의 메일 상자를 이용하면 여러 개의 메일을 한꺼번에 관리할 수 있어요.

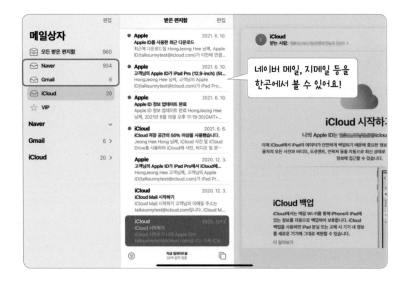

〈메일상자 팁〉
영상 보기

하면 된다! } 네이버, 다음, 구글에서 이메일 권한 설정하기

각 포털 사이트에 접속해 이메일 권한을 설정합니다. 일반적으로 많이 사용하는 네이버, 다음, 구글의 메일 권한을 설정해 볼게요. 이번 실습은 PC에서 진행하세요!

01 네이버 메일 권한 설정하기

PC에서 [메일 → 환경설정 → POP3/IMAP 설정]에 들어간 후 [POP3/SMTP 사용]에서 [사용함]을 선택하고 [저장]을 클릭합니다.

02 다음 메일 권한 설정하기

PC에서 [메일 → 설정 → IMAP/POP3]에 들어간 후 [IMAP/SMTP 사용], [POP3/SMTP 사용]에서 [사용함]을 선택한 후 [저장]을 클릭합니다.

03 지메일 권한 설정하기

PC에서 [⚙️ → 모든 설정 보기 → 전달 및 POP/IMAP]에 들어간 후 [POP 다운로드]
는 [이미 다운로드된 메일을 포함하여 모든 메일에 POP를 활성화하기]를 선택하고
[IMAP 액세스]는 [IMAP 사용]을 선택합니다. [변경사항 저장]을 클릭합니다.

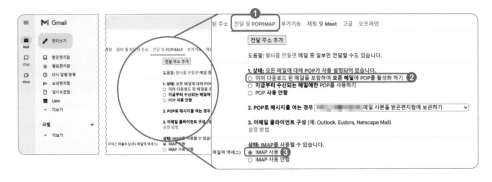

하면 된다! } 메일 앱에 계정 추가하기

01 아이패드에서 [설정 → Mail → 계정 → 계정 추가]를 탭한 후 사용하는 포털 사
이트를 선택합니다.

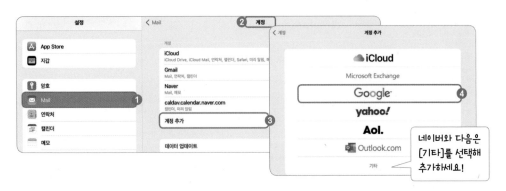

02 [Mail 계정 추가]를 탭한 후 이름, 이메일, 암호, 설명을 입력합니다.

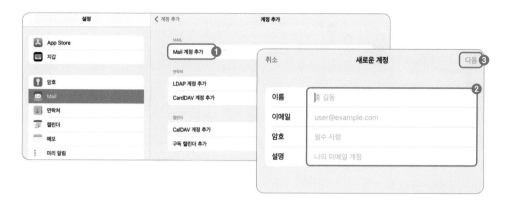

03 추가한 메일 계정들을 메일 앱에서 한눈에 확인할 수 있습니다.

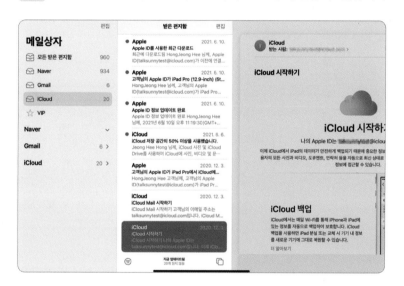

메일 미리 보기

이메일 미리 보기 기능을 활용하면 스팸 차단 및 업무 메일 처리에 도움이 됩니다. 특히 악성 메일을 걸러낼 때 유용한데요. [설정 → Mail → 미리 보기]에서 몇 줄을 미리볼 것인지 선택할 수 있습니다. 빠른 업무 분류를 위해 메일의 내용 미리 보기를 5줄로설정해 볼게요.

메일 알림 켜기

중요한 메일을 놓치면 안 되겠죠?

[설정 → Mail → 알림]에서 [알림 허용]의 토글 버튼을 활성화하세요.

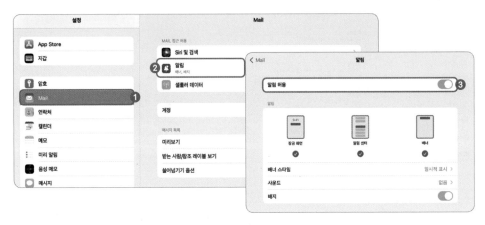

이메일 스레드 활용하기

업무 메일을 주고받다가 중간에 어떠한 내용이 오갔는지 확인하기 위해 지나온 메일을 찾는 것은 매우 번거롭습니다. 하지만 스레드를 이용하면 주고받은 메일 내용이 대화 목록처럼 기록되기 때문에 업무를 더욱 편리하게 진행할 수 있습니다.

[설정 → Mail]에서 [스레드로 구성]과 [가장 최근 메시지를 맨 위로]의 토글 버튼을 활성화합니다.

서명 등록하기

아이패드로 메일을 보내면 메일 마지막에 '내 iPad에서 보냄'이라는 문구가 자동으로 삽입됩니다. 업무에 큰 지장은 없지만 굳이 어느 기기에서 보냈는지 상대에게 알려 줄 필요는 없겠죠?

서명을 등록해서 그 문구가 안 나오게 해볼게요. 메일 계정과 용도에 따라 서명을 다르게 등록하는 것을 추천합니다. [설정 → Mail → 서명]을 탭한 후 계정마다 사용할 서명을 입력하세요.

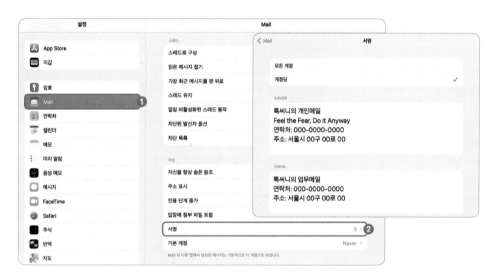

스와이프로 메일 상태 변경하기

메일 앱에서 간단한 스와이프 동작으로 메일의 상태를 읽음으로 표시하거나 깃발로 표시할 수 있습니다. 메일을 다른 편지함으로 이동할 수도 있습니다.

[설정 → Mail → 쓸어넘기기 옵션]에서 왼쪽/오른쪽 스와이프 동작으로 어떤 명령을 수행할지 사용자화해 보세요.

PDF로 저장해 보관하기

계약서나 문건 등 중요한 메일은 PDF로 변환해 보관하는 것이 좋습니다. PDF로 저장할 메일에 들어간 후 내보내기 아이콘 ⬅을 탭합니다. 목록에서 [프린트]를 선택한 후 [프린터 옵션] 창에서 두 손가락으로 미리 보기 화면을 확대합니다.

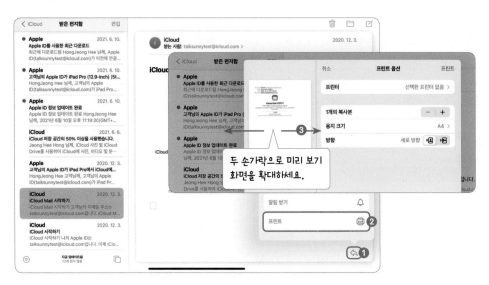

오른쪽 상단에 있는 공유 아이콘 ⬆을 탭한 후 [파일에 저장]을 선택하면 메일이 파일 앱에 PDF로 저장됩니다.

03-2

일정을 똑똑하게 관리하자

캘린더 앱으로 용도/상황에 따라 일정 관리하기

일정을 용도 및 상황에 따라 구분해 기록하면 머릿속이 좀 더 깔끔해집니다. 개인 일정/업무 일정/가족 행사/자녀의 일정을 구분해 한눈에 보기 좋게 정리해 볼게요.

⊕ 아이콘을 탭하면 새로운 일정을 추가할 수 있습니다. 캘린더마다 색상으로 구분하면 눈에 훨씬 더 잘 들어오게 정리할 수 있어요! ① 아이콘을 탭해 캘린더의 세부사항을 확인 및 수정할 수 있습니다.

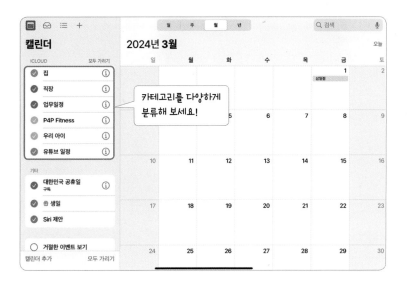

미리 알림 앱으로 미팅 일정 알림 설정하기

미리 알림 기능을 캘린더와 함께 활용하면 중요한 업무 일정부터 개인
일정까지 완벽하게 챙길 수 있습니다. 특정 위치에 도착하면 알림을 울
리게 할 수 있고 그 알림을 아이폰에서 확인할 수도 있습니다. 또한 다
양한 자동화 기능을 추가해 사용자화할 수도 있습니다.

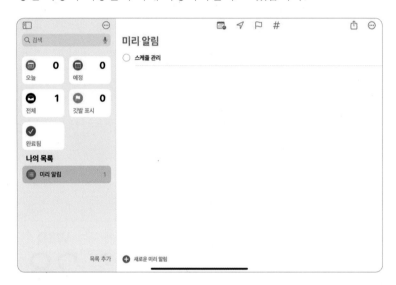

스케줄 목록 오른쪽의 ⓐ 아이콘을 탭하면 세부 내용을 사용자화해 알림 기능의 활용
도를 높일 수 있습니다.

03-3

메모는 업무의 기본!

중요한 내용은 반드시 메모하세요!

언제 어디서나 실수하지 않기 위해 메모는 필수겠죠? 저는 아이패드, 아이맥, 맥북, 아이폰에서 아이클라우드 동기화를 해 사용하고 있는데요. 아이패드에 메모를 하면 아이폰, 맥북에서도 실시간으로 반영되기 때문에 여러 기기에서 바로 확인할 수 있어서 정말 편리하답니다.

메모 앱의 오른쪽 상단에 있는 ☑ 아이콘을 탭하면 새로운 메모 창이 열립니다.

자주 메모하는 방식이 있다면 미리 서식 포맷을 구성해 두는 것도 좋아요. 포맷을 불러와 한눈에 보기 쉽게 정리할 수 있어 강의, 회의 내용 및 다양한 문서를 정리할 때 유용하답니다. 포맷 아이콘 Aa 을 탭해 제목, 머리말 등 다양한 포맷으로 설정해 보세요.

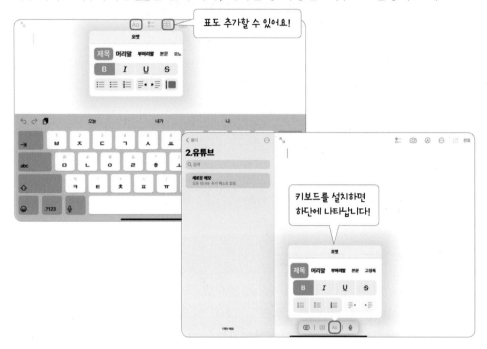

그림 메모하기

애플 펜슬로 메모 앱의 오른쪽 상단에 있는 Ⓐ 아이콘이나 Ⓩ 아이콘을 탭하면 드로잉 도구가 나타납니다.

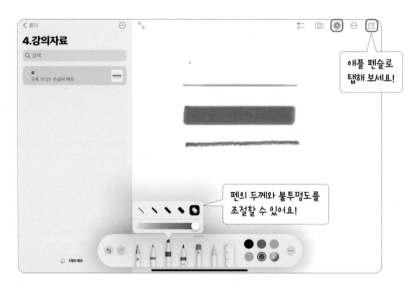

하단에 있는 도구 바에서 ⬤ 아이콘을 탭하고 [손가락으로 그리기]의 토글 버튼을 활성화하면 손으로도 그림을 그릴 수 있습니다.

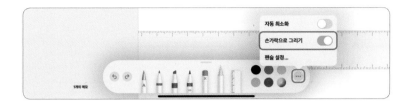

그림을 반듯하게 그릴 수 있어요!

도형을 그린 후 손을 떼지 말고 가만히 기다려 보세요. 직선으로 반듯하게 그려진답니다!

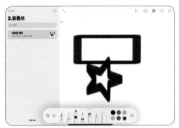

전체 화면으로 전환하기

⤢ 아이콘을 탭하면 전체 화면 보기로 전환돼 좀 더 큰 화면에서 메모할 수 있습니다.

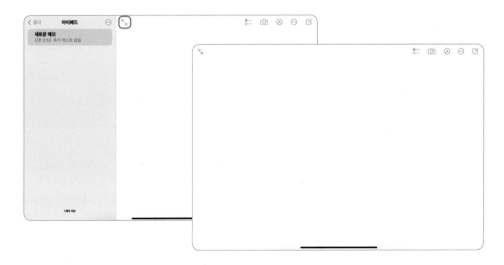

체크 박스로 할 일 목록 만들기

오른쪽 상단에 있는 ⊟ 아이콘을 탭하세요. 해야 할 일을 적은 후 [Enter]를 탭하면 목록이 생성됩니다.

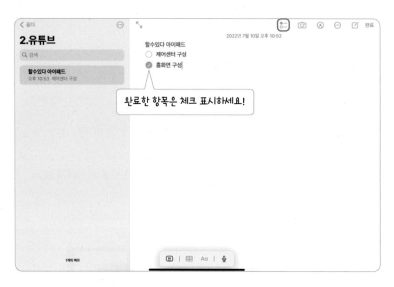

메모 고정하기/잠그기

메모 앱 최상단에 현재 작업 중이거나 바로 봐야 하는 메모를 고정시켜 작업의 효율을 높일 수 있습니다. 메모를 길게 탭하면 나타나는 목록에서 [메모 고정]을 선택합니다. 중요한 내용이나 개인 정보를 담고 있는 메모는 [메모 잠금]을 통해 비밀번호를 설정해 관리할 수 있습니다.

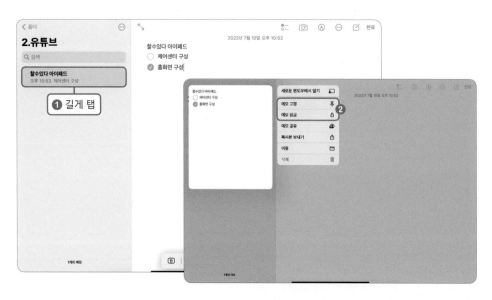

하면 된다! } 서류 스캔하고 서명하기

요즘 온라인으로 서류를 받는 곳이 많아지고 있는데요. 기본 메모 앱으로도 충분히 문서를 쉽게 스캔할 수 있습니다. 마크업 기능으로 서명까지 한 번에 해결해 보세요!

01 메모 앱의 오른쪽 상단에 있는 📷을 탭한 후 [문서 스캔]을 탭하면 서류를 스캔할 수 있습니다. 서류를 찍은 후 오른쪽 하단에 있는 [스캔 항목 유지]를 눌러 서류를 스캔합니다.

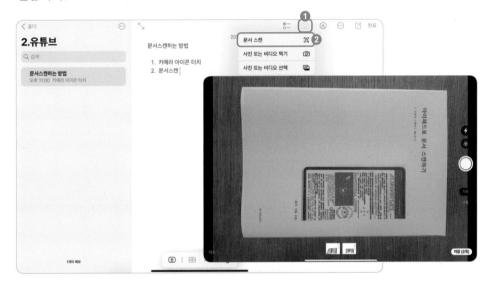

02 [저장]을 탭하면 스캔한 문서가 메모에 저장됩니다. 오른쪽 상단에 있는 공유 아이콘 📤을 탭한 후 [마크업]을 선택합니다.

> 공유 아이콘을 탭하면 서류를 다른 사람에게 보낼 수 있어요!

사진 삽입하기

카메라 아이콘 📷을 탭한 후 [사진 또는 비디오 찍기/사진 또는 비디오 선택]을 탭해 사진을 삽입할 수 있습니다.

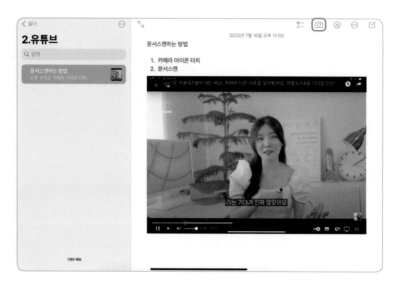

삽입한 사진을 탭하면 사진에 손글씨를 넣을 수 있고 [완료]를 탭해 메모를 계속 작성할 수 있습니다. [공유]를 탭해 결과물을 저장해 보세요!

메모 공유하기

아이패드가 다른 애플 기기와 동기화돼 있을 경우, 메모 앱으로 함께 메모할 수 있습니다. 회의록을 작성하거나 원격으로 회의를 할 때 아주 유용합니다.

공유할 메모를 길게 탭한 후 [메모 공유]를 탭하면 메신저, 메일 등 다양한 수단으로 메모를 공유할 수 있습니다.

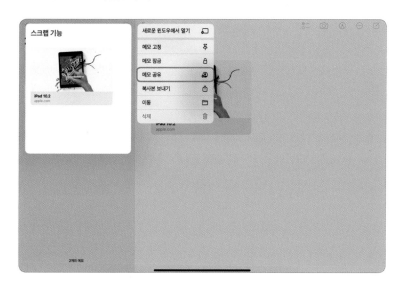

여기서 주의해야 할 점은 아이클라우드에 메모를 공유할 경우, 모든 공동 작업자가 모든 작업자의 변경사항을 볼 수 있다는 것입니다. 또한 개인 계정에 로그인한 상태여야만 메모를 편집하거나 볼 수 있습니다.

메모 앱 내의 폴더를 통째로 공유할 수도 있습니다.

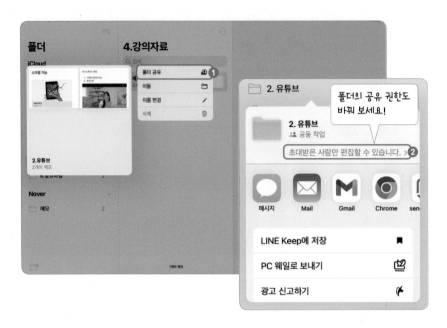

03-4

문서 작업은 이렇게!

애플의 보고서 작성법, 아이워크

윈도우에 마이크로소프트 오피스가 있다면 애플에는 아이워크(iWork)가 있습니다. 스티브 잡스가 프레젠테이션에서 사용한 프로그램이 바로 키노트인데요. 2003년 키노트가 출시된 후 2005년 페이지를 묶어 아이워크라는 앱 카테고리를 만들었고 이후 2008년 넘버스를 아이워크에 추가했습니다.

아이워크는 인터페이스가 직관적이고 사용법이 간단합니다. 무료로 이용할 수 있으며 애플 기기 간 동기화도 훌륭합니다. 아이클라우드에서 로그인 시 웹 버전으로도 접근할 수 있습니다.

문서 작성을 위한 페이지(Pages)

워드프로세서 앱으로, 간단한 문서 작업 및 공동 작업을 할 수 있습니다. 애플 북스(Apple Books)를 통해 전자책 출판도 할 수 있으니 한번 도전해 보세요!

페이지 앱 오른쪽 상단의 ⊕ 아이콘을 탭하면 새 문서를 작성할 수 있습니다. 목적에 맞게 템플릿을 골라 사용하세요!

문서 작업을 모두 마친 후 ⊙ 아이콘을 탭하고 [내보내기 → Apple Books로 발행]을 탭하면 애플 북스를 통해 전자책을 손쉽게 출판할 수 있습니다.

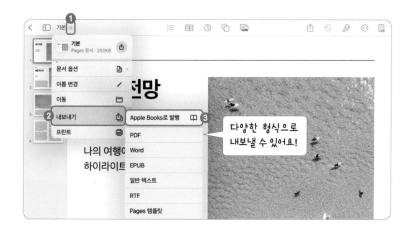

공유 아이콘 📤 을 탭하면 다른 애플 기기와의 실시간 공동 작업을 할 수 있습니다.

발표 최적화, 키노트(Keynote)

스티브 잡스의 프레젠테이션을 기억하나요? 마이크로소프트의 파워포인트를 쓰는 사용자들도 템플릿 디자인과 화면 전환을 키노트와 유사하게 만들어 주는 확장 프로그램을 설치할 정도로 애플 특유의 세련되고 부드러운 애니메이션이 특징인 프레젠테이션 앱입니다.

오른쪽 상단에 있는 ⊕ 아이콘을 탭하면 [프레젠테이션 생성] 창이 나타납니다. 테마를 선택하고 싶으면 [테마 선택], 프레젠테이션을 새롭게 시작하려면 [개요 시작]을 선택하세요.

개요를 작성해 프레젠테이션을 만들어 보세요. ▶ 아이콘을 탭하면 슬라이드 쇼가 실행됩니다.

하면 된다! } 아이폰을 키노트 리모컨으로 활용하기

학교나 회사에서 프레젠테이션을 할 때 리모컨을 사용해 슬라이드를 넘기는데요. 아이패드에 내용을 담아 에어플레이하면 아이폰이나 애플 워치를 리모컨으로 사용할 수 있습니다.

01 아이폰에서 키노트 앱을 연 후 📱 아이콘을 탭하고 [계속]을 탭합니다.

02 아이패드에서 ⊙ 아이콘을 탭한 후 [리모컨 제어 허용]을 선택합니다.
[리모컨 활성화]의 토글 버튼을 활성화합니다.

키노트를 재생할 기기와 리모컨을
동일한 와이파이에 연결하세요!

03 리모컨으로 사용할 기기의 링크를 탭하면 아이폰과 동일한 4자리 암호가 아이패드에 나타납니다. 암호가 동일한지 확인한 후 아이패드에서 [확인]을 탭합니다.

04 [재생]을 탭하면 아이폰을 리모컨으로 활용할 수 있으며 다양한 화면 옵션이 제공됩니다. 현재 슬라이드와 다음 슬라이드를 동시에 보거나 발표자 메모를 함께 볼 수 있습니다.

발표 대본과 리모컨을 아이폰 하나로 해결하세요!

05 펜 아이콘 을 탭하면 레이저 포인터와 함께 다양한 색상 펜을 지원합니다. 아이폰에 손가락을 움직이면 바로 레이저 포인터가 되며 하이라이트 표시도 할 수 있어 중요한 내용을 표시할 때 정말 유용합니다. 아이패드를 리모컨으로 활용하면 애플 펜슬을 사용해 메모할 수도 있겠죠?

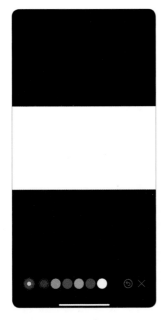
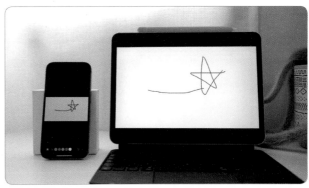

톡써니의
**톡톡
꿀팁!**

리모컨은 한 번만 설정해도 돼요!

리모컨은 한 번만 연결해 두면 발표할 때마다 자동으로 연결되니 발표 전 미리 연결하세요. 키노트 앱 아이콘을 길게 탭한 후 [Keynote 리모컨으로 이동하기] 퀵 메뉴를 탭하면 발표를 좀 더 빠르게 준비할 수 있습니다.

하면 된다! } 키노트 라이브로 발표 화면 실시간 송출하기

프레젠테이션 화면이 청중과 멀리 떨어진 경우나 다른 회의실로 실시간 동시 송출을 해야 하는 경우 키노트 라이브(Keynote Live) 기능을 사용하면 프레젠테이션을 좀 더 효율적으로 전달할 수 있습니다.

01 ⬤ 아이콘을 탭한 후 [Keynote Live 사용]을 선택합니다. [계속]을 탭합니다.

 키노트 라이브를 실행하려면 키노트 파일이 아이클라우드 드라이브에 올라와 있어야 합니다.

02 시청자를 초대해 프레젠테이션을 송출합니다.

스프레드시트 앱, 넘버스(Numbers)

넘버스의 가장 큰 장점은 꾸미기 쉬운 UI와 디자인, 공동 작업을 통한 협업 기능 그리고 안정성입니다. 다양한 차트 및 표를 원하는 위치에 나열할 수 있어 간단한 통계 및 표를 다루는 보고서 업무 또는 학교 발표 과제를 할 때 편의성과 활용도가 매우 높습니다.

하면 된다! } 넘버스로 보고서 만들기

01 오른쪽 상단에 있는 ⊕ 아이콘을 탭하면 탬플릿 선택 화면이 나타납니다. 기본 카테고리의 [빈 페이지]를 선택합니다.

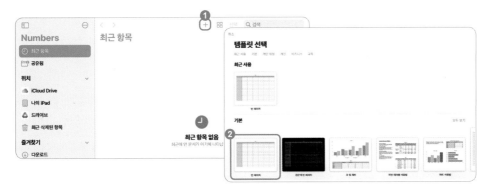

02 셀을 선택하고 🖌 아이콘을 탭하면 표/셀의 속성을 설정할 수 있습니다. 오른쪽 하단에 있는 [셀]을 탭하면 현재 날짜와 시간, 주식 시세, 함수 등도 쉽게 입력할 수 있습니다.

표가 기본적으로 생성돼 있어요!

엑셀처럼 함수를 넣을 수 있어요!

03 상단에 있는 4가지 아이콘으로 표, 차트, 도형, 사진을 추가할 수 있습니다. 아이콘을 탭한 후 [텍스트]를 선택해 텍스트 개체를 추가하고, 아이콘을 탭해 스타일과 서식을 자유롭게 변경해 보세요!

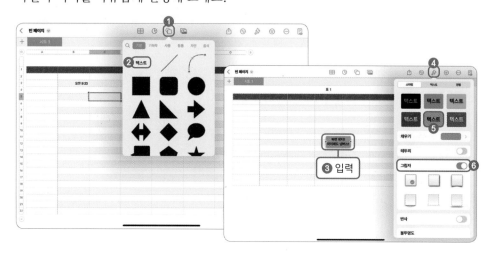

04 추가한 내용을 원하는 디자인으로 원하는 위치에 손쉽게 배치할 수 있습니다.

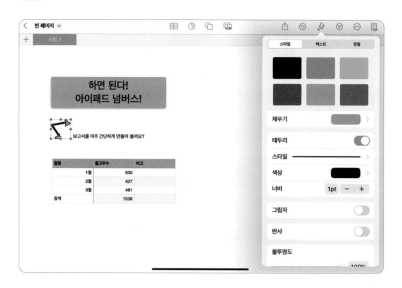

05 영상 삽입하기

아이콘을 탭한 후 [웹 비디오]를 탭하면 비디오 링크를 입력하는 창이 나타납니다.

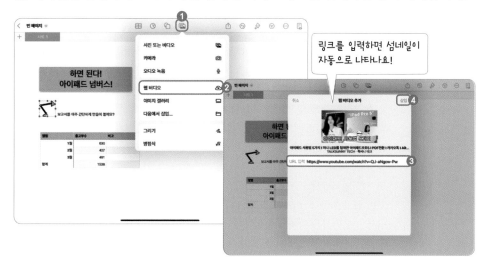

링크를 입력하면 섬네일이 자동으로 나타나요!

06 나만의 웹 보고서를 완성해 보세요!

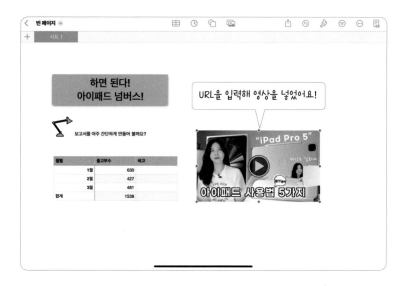

URL을 입력해 영상을 넣었어요!

애플 전용 앱 외에도 쓸 만한 앱이 있을까요?

한컴 독스와 폴라리스 오피스, 사이냅 오피스와 마이박스를 사용해 보세요!

1. 한컴 독스: 한글 파일을 지원하는 '한글과컴퓨터'에서 공식 출시한 앱입니다. 문서 편집을 위한 기본적인 기능을 사용할 수 있습니다.

2. 폴라리스 오피스: 워드, 엑셀 같은 다양한 문서 파일을 열어 작업할 수 있는 앱입니다. 유료 버전과 무료 버전이 있는데 무료 버전을 사용하면 광고를 시청해야 한다는 단점이 있습니다.

3. 사이냅 오피스: 2023년 12월 네이버 오피스 종료 이후 개발된 클라우드 기반 웹 오피스 서비스입니다. 네이버 오피스 전용 포맷(.ndoc, .nppt, .nxls, .nfrm)의 편집을 완벽히 지원합니다. 앱은 지원하지 않고, 웹 사이트로만 이용할 수 있습니다.

4. 네이버 마이박스: 네이버의 클라우드 서비스로, 다양한 문서 파일을 웹 브라우저상에서 열어볼 수 있습니다.

한컴독스   폴라리스 오피스

사이냅 오피스   네이버 마이박스

03-5

원격 근무도 문제 없는 제2의 PC!

원격 제어로 사무실 출근하기

이미 외근을 나왔는데 사무실 PC에서 미처 챙기지 못한 파일이 있었나요? 또는 일할 거리가 전부 회사에 있는데 갑자기 아파 재택 근무를 하게 됐나요? 회사에서도 맥을 사용하면 아이패드에서 연동해 사용할 수 있지만, 윈도우 운영체제를 사용하는 경우에는 연동해 사용하는 것이 쉽지 않겠죠. 이런 상황을 대비해 미리 원격 제어 시스템을 설치해 두면 시간과 장소에 구애받지 않고 사무실에 있는 것처럼 일할 수 있습니다. 그럼 아이패드를 원격 제어에 활용해 볼까요?

팀 뷰어와 점프 데스크톱 모두 필수 사용 환경이 있으니 시작 전 반드시 확인해 주세요!

❶ 아이패드와 윈도우 기기 모두 인터넷에 연결하기
❷ 원격 제어가 되는 윈도우 기기는 항상 켜두기
❸ 윈도우 기기를 마이크로소프트 계정에 로그인하기

〈원격 제어〉
영상 보기

직관적인 원격 제어, 팀 뷰어 `무료`

팀 뷰어는 아이패드의 장점인 제스처를 이용해 드래그로 커서를 이동할 수 있고 좌/우 탭, 확대/축소 등을 직관적으로 실행할 수 있습니다. 개인은 비상업 용도로 활용하는 경우 무료로 사용할 수 있습니다.

단, 한/영 변환 시 에러가 발생하고 화면 비율을 직접 조정해야 하기 때문에 아이패드
에 딱 맞게 조정하기 어렵다는 단점이 있습니다.

하면 된다! } 팀 뷰어로 PC 원격 제어하기

원격으로 연결할 기기에 각각 팀 뷰어 앱을 설치하세요. 발신 기기에 연결 파트너의 ID
와 비밀번호를 입력하면 제스처를 통해 윈도우를 원격 조정할 수 있습니다.

01 원격으로 연결하고 싶은 기기
에 팀 뷰어를 다운로드합니다. 여기
서는 PC와 연결해 볼게요.

 링크: teamviewer.com/ko/download

02 팀 뷰어 웹 앱을 열어 회원가입 또는 로그인을 합니다. 로그인 후 왼쪽 하단에
'연결(보안 연결)할 준비가 되었습니다.'라는 문구가 나타나면 원격 제어를 할 기기의
준비는 끝입니다.

03 아이패드에도 팀 뷰어 앱을 설치합니다.

04 아이패드에서 팀 뷰어 앱을 엽니다. 팀 뷰어에 로그인하면 원격 기기 제어를 위해 사용 가능 기기 등록을 위한 메일을 보내 주는데요. 메일에서 [기기 등록]을 탭해 기기를 등록합니다.

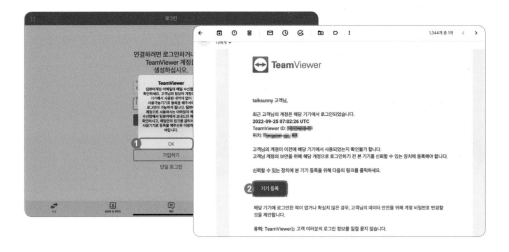

05 컴퓨터 팀 뷰어 앱의 왼쪽 상단에 있는 연결 아이콘 🔄을 클릭하면 ID와 비밀번호, 원격 접속 옵션 등이 나타납니다. 아이패드의 팀 뷰어 앱에 해당 ID와 비밀번호를 입력하면 원격 연결이 완료됩니다.

06 이제 아이패드에서 PC를 원격으로 제어할 수 있습니다.

원격으로 제어할 PC의
화면이 나타나요!

좀 더 편리한 원격 제어, 점프 데스크톱 [유료]

윈도우에서 이용할 때는 무료이지만, 아이패드에 설치하면 22,000원,
맥에 설치하면 43,000원입니다. 유료로 이용해야 하지만 사용 방법이
매우 편리하다는 장점이 있습니다. 한/영 전환이 자유롭고 화면 비율
을 조정하지 않아도 아이패드 화면에 맞춰 자동 조정됩니다. PC에서
재생되는 사운드도 원활하게 나옵니다.

하면 된다! } 점프 데스크톱으로 원격 연결하기

01 원격할 기기에 Jump Desktop Connect를 설치하고 회원가입을 합니다.
구글이나 애플 계정으로 간단하게 로그인할 수도 있습니다.

 링크: jumpdesktop.com/connect/

02 아이패드에서도 점프 데스크톱 앱을 설치하고 로그인합니다.

03 사전에 ID를 만든 이유가 원격 제어를 편리하게 하기 위함이었죠?
[자동 설정]과 [수동 설정] 중 [자동 설정]을 탭합니다.

04 Jump Desktop Connect에 같은 계정으로 로그인한 기기들의 목록이 나타납니다.
각 기기의 아이콘을 선택하면 연결 화면이 나타나며, 윈도우 로그인 정보를 입력해 바로 원격 제어를 시작할 수 있습니다.

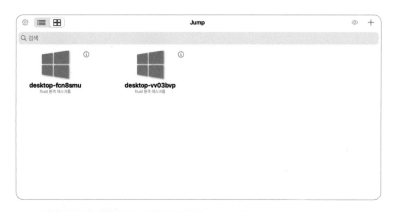

04

공부, 드로잉부터 영상 편집, 게임까지!

 요즘 강의 사이트에 상위 랭킹 중인 아이패드 관련 강좌를 본 적이 있나요? 아이패드 드로잉부터 동영상 제작까지 일상 취미와 관련된 아이패드 활용 노하우가 넘치는데요. 저도 아이패드를 업무 용도 외에도 다양하게 활용하고 있어요. 여가 시간에는 아이패드를 이용해 일기를 쓰고 그림을 그리며 영화를 봅니다. 그뿐만 아니라 아이 과제에 필요한 자료를 만들기도 하고 아이를 위한 생일 파티 카드를 직접 제작하기도 해요.
아이패드를 활용해 한층 보람 있는 하루를 보내 볼까요?

04-1 ★ 공부가 쉬워지는 아이패드 필기법

04-2 ★ 류마퓨전으로 영상 편집하기

04-3 ★ 프로크리에이트로 드로잉하기

04-4 ★ 굿노트로 다이어리 쓰기

04-5 ★ 아이를 위한 아이패드 설정하기

04-6 ★ 증강 현실, 게임용으로 사용하기

04-1

공부가 쉬워지는 아이패드 필기법

요즘은 다 아이패드로 공부해요

예전엔 무거운 전공 서적에 노트, 유인물까지 들고 다니는 것이 당연했던 것 같은데 요즘은 아이패드 하나로 이 모든 것을 대체합니다. 강의 자료에서 중요한 부분을 아이패드로 스캔해 공부하는 건데요. 이렇게 공부하면 일단 가방이 가볍고 쓰고 지우기를 무한 반복해도 깨끗하게 보관할 수 있습니다.

또한 교수님의 음성을 녹음할 수도 있고 인터넷에 있는 사진 자료를 탭 몇 번이면 노트에 가져올 수도 있습니다. 이 시대의 공부법을 함께 시작해 볼까요?

암기해야 하는 부분은 다음과 같이 펜으로 지웠다가 답을 적고, 다시 지워 답을 맞춰 봅니다.

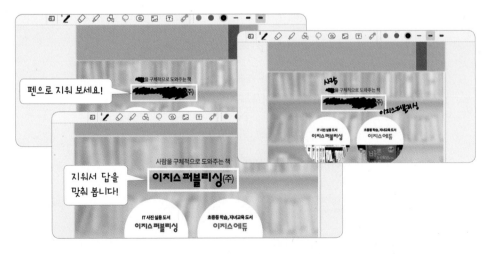

강의 자료 스캔하기

교수님이 나눠 준 강의 자료나 책을 메모 앱이나 굿노트, 어도비 스캔으로 아이패드에 담으면 아이패드 하나만 들고 다녀도 강의를 듣는 데 불편함이 없어요.

이때 자신의 책을 스캔하는 행위 자체는 문제가 되지 않지만 저작권자의 허락 없이 스캔한 책을 공유 드라이브에 올리거나 타인에게 전달하는 것은 불법으로 고소, 고발당할 수 있으니 유의해야 합니다.

하면 된다! } 기본 메모 앱으로 스캔하기

01 메모 앱을 실행한 후 새 메모를 열고 문서를 스캔하세요. 아이콘을 탭한 후 [문서 스캔]을 선택하면 됩니다.

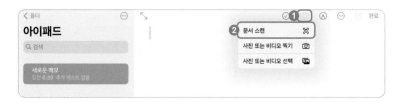

02 사진 촬영(문서 스캔)을 시작하면 자동 촬영으로 손을 대지 않고도 촬영할 수 있습니다. 물론 수동으로도 촬영할 수 있습니다.

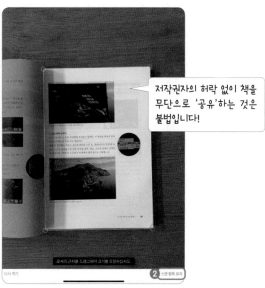

저작권자의 허락 없이 책을 무단으로 '공유'하는 것은 불법입니다!

깔끔하게 스캔하고 싶어요!

스캔을 깔끔하게 하려면 촬영 각도와
조도에 신경 써야 합니다. 스캔하고자
하는 문서보다 큰 크기의 다른 배경
색을 가진 종이 위 또는 책상에서 촬
영하세요. 촬영한 후 모서리를 설정할
때 편리합니다. 이때 직사광선에서 촬
영하면 종이에 빛이 반사될 수 있으니
최대한 간접 조도가 높은 곳에서 촬영
하는 것을 추천해요!

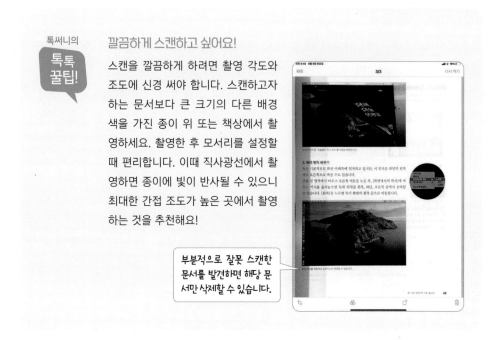

부분적으로 잘못 스캔한
문서를 발견하면 해당 문
서만 삭제할 수 있습니다.

03 ⬆️ 아이콘을 탭한 후 [더 보기]를 탭해 보세요. 스캔해 둔 자료를 굿노트나 노타빌
리티 등 또 다른 메모 앱으로 옮길 수도 있습니다.

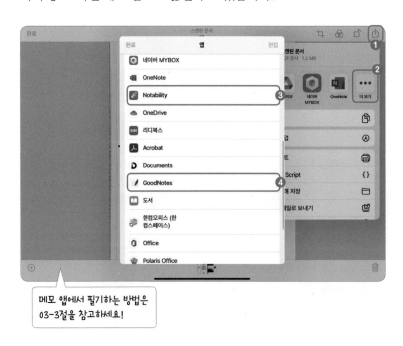

메모 앱에서 필기하는 방법은
03-3절을 참고하세요!

하면 된다! } 굿노트로 강의 자료 스캔하기 앱 내 구매

굿노트는 35만 다운로드에 빛나는 인기 앱이죠! 굿노트에는 PDF 형식의 파일을 불러올 수 있는데요. 문서를 직접 스캔할 수도 있고 메모 앱에서 불러올 수도 있습니다.

01 굿노트에서 [+ 신규]를 탭하면 어떤 자료를 가져올지 선택할 수 있는데요. [문서스캔]을 선택하면 바로 스캔을 시작할 수 있습니다.

3개까지는 무료로 이용할 수 있어요!

02 모서리에 맞춰 자료를 스캔하세요.

크기가 정확하게 맞지 않으면 수동으로 조절해 맞춰 주세요!

하면 된다! } 어도비 스캔 이용하기 `무료`

또 다른 스캔 앱으로 어도비 스캔(Adobe Scan)을 추천합니다. 어도비 계정으로 로그인하거나 회원가입하면 무료로 사용할 수 있어요. 어도비 스캔은 자동 또는 수동으로 촬영할 수 있는데요. 모서리가 제대로 인식되지 않거나 촬영할 때 손이 흔들리더라도 다시 세밀하게 조정할 수 있어 좀 더 편리합니다.

01 스캔 종류를 선택한 후 자료를 스캔하세요.

> 어떤 것을 스캔하는지 지정한 후 스캔하세요!

> 모서리를 다시 조절하세요!

02 스캔을 완료하면 [공유 → 사본 공유]를 탭합니다. 원하는 앱을 선택해 편리하게 메모를 시작해 보세요.

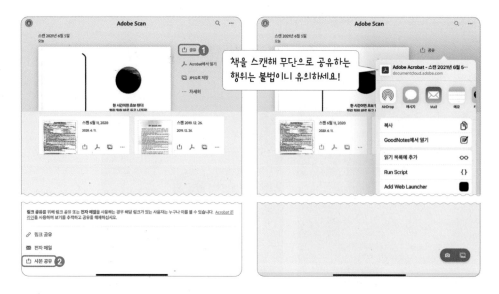

> 책을 스캔해 무단으로 공유하는 행위는 불법이니 유의하세요!

강의/회의 노트 필기하기

아이패드로 공부할 때 빼 놓을 수 없는 세 앱이 있습니다. 굿노트와 노타빌리티, 그리고 원노트인데요. 세 앱 모두 사용 만족도가 높은 아이패드의 대표 필기 앱입니다. 기능은 비슷하지만, 사용 목적에 따라 다르게 추천하고 싶습니다.

굿노트로 필기하기 `앱 내 구매`

굿노트 5까지만 해도 9,900원이면 앱을 사용할 수 있었는데요. 굿노트 6이 되면서 기능 업그레이드와 함께 가격이 세분화되었습니다. 우선 무료로 사용해 보다가 아쉬움이 느껴지면 연 구독제 또는 일회성 결제로 선택하는 걸 추천합니다.

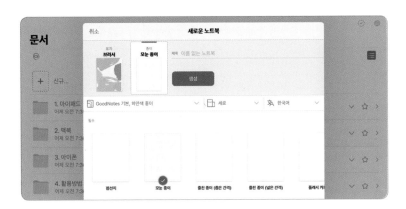

굿노트는 기본 메모 앱을 보완할 수 있는 좋은 기능들이 많은 앱입니다. 작업의 생산성을 높이는 데 큰 도움이 될 거예요! 무료로 사용할 수 있는 스티커나 속지가 많아서 다이어리 용도로도 많이 사용합니다. 저장하는 방식도 실제 노트처럼 분류할 수 있어 아이패드 속 한 권의 책처럼 사용하기 좋습니다.

자세한 내용은 04-4절을 참고하세요!

노타빌리티 유료

노타빌리티의 가장 큰 장점은 녹음 기능인데요. 강의를 들으며 필기한
부분에 맞춰 녹음을 할 수 있습니다. 공부하다가 이해되지 않는 부분은
녹음했던 부분을 다시 들어도 좋겠죠?

서식이나 꾸밀 수 있는 것들은 굿노트에 비해 적지만, 펜을 실용적으로
구성할 수 있다는 것이 장점입니다. 편리한 분류 기능을 제공하고 사진, 문서, 스티커
노트 등 다양한 미디어를 노트에 가져올 수 있어요.

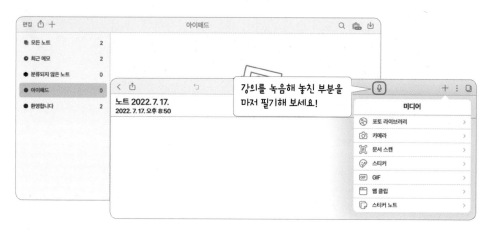

원노트 유료

원노트는 마이크로소프트에서 제작한 메모 앱입니다. 이 앱을 추천하는
이유는 바로 연동성 때문인데요. 마이크로소프트에서 나온 제품이다 보
니 기기에 한정되지 않고 윈도우, 안드로이드 OS를 함께 쓸 수 있다는
점이 큰 장점입니다.

특히 원노트는 스캔본 오른쪽 공간을 노트로 활용할 수 있어요. 그래서 PDF, 사진 등
불러온 미디어 파일 옆에 필기를 할 수 있습니다. 불러온 파일 위에 필기를 하는 것도
좋지만, 가령 노트에 내용 정리나 강의 내용 첨삭 등을 할 경우 다른 노트를 열 필요 없
이 하나의 파일에서 모두 가능하기 때문에 정말 편리합니다.

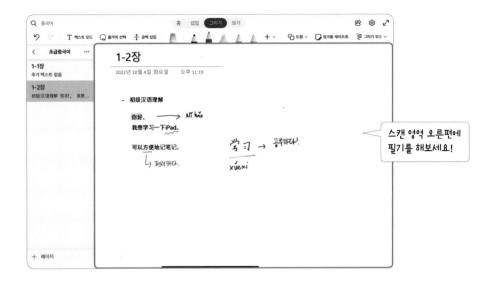

인덱스(index) 기능으로 수강 과목별로 분류 작업을 해보세요. 수강 과목 → 강의 일자 순으로 메모하면 한눈에 보기 좋게 정리할 수 있어요!

노트 변경 내용을 실시간으로 공유할 수 있어 그룹 과제나 그룹 프로젝트를 진행할 때에도 매우 유용합니다.

굿노트와 노타빌리티에 PPT 파일이나 한글 파일을 불러올 수 있나요?

굿노트와 노타빌리티에서는 기본적으로 PDF 파일을 열 수 있는데요. PPT 파일이나 한글 파일을 PDF로 변환해 굿노트나 노타빌리티에서 열어 보세요! 유인물 위에 적는 것처럼 편하게 필기할 수 있겠죠?

1. 한컴독스 앱을 설치해 주세요.

2. 파일 앱을 열고 형식을 변환할 파일을 찾아 탭한 후 [공유 → 한컴독스]를 탭합니다.

3. 한컴독스 앱에서 문서를 연 후 [파일 → 다른 이름으로 저장하기...]를 탭합니다. 이때 파일 형식을 [pdf]로 선택해 주세요.

4. 문서가 PDF로 변환됩니다. 굿노트에서 파일을 열어 보세요!

PDF 형식으로 저장됐어요!

에어프린트로 인쇄하기

열심히 작성한 노트나 회의 자료를 인쇄해야 할 때 메일을 보낸 후 PC에 연결된 프린터로 출력했나요? 에어프린트(AirPrint)를 사용하면 추가 소프트웨어(드라이버)를 설치하지 않아도 에어프린트를 지원하는 프린터를 활용해 손쉽게 인쇄할 수 있어요!

하면 된다! } 메모를 에어프린트로 인쇄하기

01 메모 앱에서 ⬆ 아이콘을 탭한 후 [프린트]를 탭합니다.

02 [프린터]를 탭하면 에어프린트를 지원하는 프린터 목록이 나타납니다. 프린터를 선택한 후 오른쪽 상단에 있는 [프린트]를 탭합니다. 인쇄물을 확인해 보세요!

아이패드와 프린터가 동일한 네트워크에 연결돼야 해요!

04-2

루마퓨전으로 영상 편집하기

갓성비 영상 편집 앱, 루마퓨전 [유료]

루마퓨전(LumaFusion)은 아이패드 대표 영상 편집 앱으로, 프로급의
영상 편집을 할 수 있습니다. 단돈 39,000원으로 가격대가 만만찮은
파이널 컷 프로를 대체할 수 있답니다.

아이패드 프로로 루마퓨전을 이용해 4K 영상을 렌더링(rendering)하
면 맥북 프로에 버금가는 속도로 진행되는 것을 확인할 수 있습니다. 아이패드에 마우
스까지 연결해 사용하면 활용도가 훨씬 더 높아집니다.

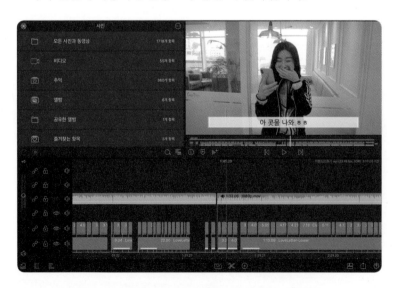

아이패드에 나를 따라다니는 카메라가 있다?

혼자 촬영해도 누군가 촬영해 주는 것처럼 영상을 찍을 수 있다면 얼마나 좋을까요? 아이패드의 센터 스테이지 기능을 사용하면 되는데요. 자리에서 일어나면 카메라도 위로 움직이고, 옆으로 이동하면 그에 따라 중심을 맞춰 줍니다. 심지어 화면 안에 한 사람이 더 들어오면 두 인물을 중심으로 구도를 맞춰 줍니다.

〈센터스테이지〉
영상 보기

화상 통화나 회의를 할 때 유용하며, Zoom, Webex, FiLMic Pro, 틱톡 등에서 사용할 수 있습니다. 기본 카메라 앱에서는 지원되지 않지만 다른 카메라 앱에서 '전체 화면' 비율로 설정한 경우에는 원활히 작동합니다. 제어 센터를 열어 [비디오 효과 → 센터 스테이지 켬/끔]을 탭하면 기능을 활성화하거나 비활성화할 수 있습니다.

 이 기능은 아이패드 에어(5세대), 아이패드 프로 12.9형(5세대), 11형(3세대), 아이패드 (9세대), 아이패드 미니(6세대) 이상 모델에서만 사용할 수 있습니다.

오른쪽 하단의 ⚙ 아이콘을 길게 탭하면 각 아이콘의 기능을 볼 수 있습니다.

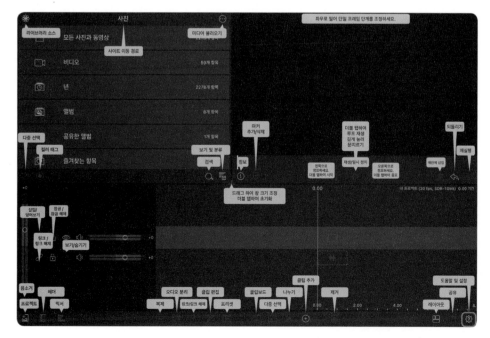

하면 된다! } 루마퓨전에 영상 불러오기

자, 이제 영상 편집을 시작해 봐야겠죠? 영상 편집의 가장 기본이 되는 작업부터 해볼게
요. 영상 편집을 위한 프로젝트를 새로 생성하고 영상을 불러와 보겠습니다. 아이패드에
저장된 영상을 불러올 수도 있고 드라이브에 저장된 영상을 불러올 수도 있습니다.

01   프로젝트 생성하기
왼쪽 하단의 프로젝트 아이콘 ⊞ 을 탭합니다.

톡써니의
**톡톡
꿀팁!**

전에 편집하던 영상을 다시 열고 싶어요!

⬤ 아이콘을 탭하면 편집하던 영상의 목록이 나타납니다. [내 프로젝트] 텍스
트를 탭하면 나타나는 [프로젝트 이름 변경] 창에서 프로젝트의 이름을 바꿀 수
있습니다.

02 영상 프레임 및 비율 설정하기

오른쪽 하단에 있는 설정 아이콘 ⚙을 탭한 후 프레임 비율과 가로 세로 비율을 설정
합니다. 보통 아이폰으로 영상을 촬영하면 30프레임을 사용합니다.

가로 세로 비율은 업로드하는 플랫폼의 규격에 따라 다르게 설정합니다. 유튜브는
16:9, 인스타그램 릴스나 스토리, 틱톡은 9:16이 좋겠죠? 인스타그램 피드에 올리는
게시물은 1:1로 설정합니다.

03 아이패드에 저장된 영상 불러오기

왼쪽 상단의 라이브러리 소스 아이콘 ❄을 탭한 후 [사진 → 모든 사진과 동영상]을 탭
해 영상을 불러옵니다.

04 드라이브에서 영상 불러오기

영상을 드라이브에서 불러오려면 화면 상단에 있는 😊 아이콘을 탭한 후 [미디어 불러오기]를 탭합니다. [Dropbox/Google Drive/OneDrive] 중 영상이 저장된 드라이브를 선택해 탭합니다.

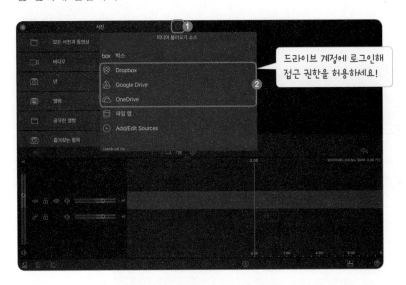

05 찾은 영상을 타임라인으로 끌어옵니다.

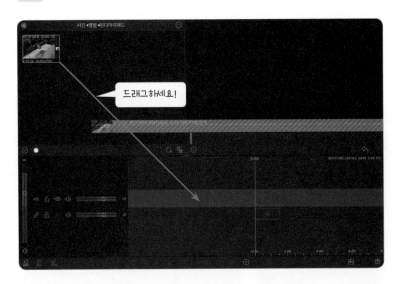

하면 된다! } 영상 편집하기

영상을 컷 편집한 후 타이틀 자막을 넣어 보겠습니다. 컷 편집을 할 때 는 타임라인의 기준점은 그대로 있고 영상을 움직인다고 생각하면 편 합니다.

〈루마퓨전 사용법〉
영상 보기

01 컷 편집하기

영상의 위치를 좌우로 움직이며 편집점을 잡습니다. 하단에 있는 가위 아이콘 ✂️을 탭 하면 해당 부분이 나뉩니다. 필요 없는 부분은 선택한 후 삭제합니다.

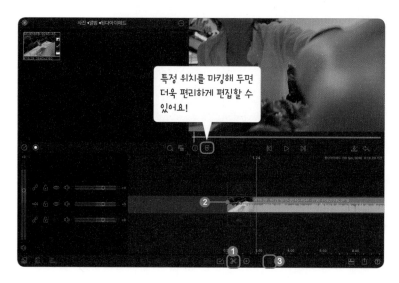

영상을 잘못 잘랐어요!

자르면 안 되는 부분을 잘랐나요? 컷 편집을 잘못 진행했다면 미리 보기 화면 하단에 있는 되돌리기 아이콘 🔄을 탭해 바로 복구할 수 있습니다.

왼쪽 상단에 있는 라이브러리 소스 아이콘 ◉을 탭한 후 [타이틀]을 탭합니다. 타이틀을 하나씩 선택해 보면 화면에 어떻게 적용되는지 확인할 수 있습니다. 하나씩 눌러 보며 어떤 소스가 있는지 살펴봅니다.

영상 편집에 그대로 적용되는 것이 아니니 걱정하지 마세요.

마음에 드는 타이틀을 타임라인으로 끌어오세요. 기본 자막으로 많이 사용하는 [Basic Subtitle]을 적용해 볼게요. 타임라인에서 자막을 두 번 빠르게 탭하면 자막 수정 화면이 나타납니다.

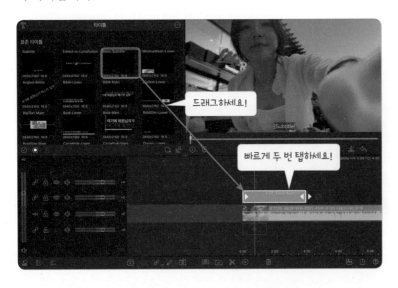

드래그하세요!

빠르게 두 번 탭하세요!

03 원하는 자막 스타일을 선택한 후 미리 보기 화면에 나타나는 자막을 빠르게 두 번 탭하세요.

04 자막 내용을 수정한 후 [완료]를 탭합니다. 자막 수정이 끝나면 🔳 아이콘을 탭 해 이전 화면으로 되돌아갑니다.

하면 된다! } 유튜브에 업로드할 영상 저장하기

01 편집한 프로젝트를 하나의 영상으로 렌더링하면 업로드할 영상이 완성되는데요. 오른쪽 하단의 공유 아이콘 🔼을 탭한 후 [영화 → 사진]을 탭하세요.

유튜브에 바로 업로드하려면 [YouTube]를 선택하세요!

02 영화 설정을 한 번 더 확인하고 공유 아이콘 🔼을 탭합니다.

렌더링이 완료되면 영상이 사진 앱에 저장됩니다.

04-3

프로크리에이트로 드로잉하기

아이패드 드로잉의 시작, 프로크리에이트 유료

아이패드 드로잉이 단순 취미를 넘어 수채화, 일러스트, 캘리그래피, 웹툰 등 다양한 영역으로 확장되고 있습니다. 인터넷에 '아이패드 드로잉 클래스'를 검색하면 온·오프라인 강의를 쉽게 찾아볼 수 있는데요. 드로잉 클래스에서 가장 많이 이용하는 앱은 단연 프로크리에이트입니다.

19,000원을 지불해야 사용할 수 있는 유료 앱이지만, 수백여 종류의 브러시와 64비트의 색상으로 디테일한 표현을 할 수 있어 취미로 그림을 그리는 분들은 물론 전문 일러스트레이터들의 만족도도 큽니다.

프로크리에이트 살펴보기

프로크리에이트의 도구들이 어떤 역할을 하는지 함께 살펴볼게요!

① **갤러리:** 프로크리에이트의 첫 화면으로 이동합니다.

② **동작** 🔧: [추가], [캔버스], [공유], [비디오], [설정], [도움말] 메뉴가 있습니다. 이미지 추가, 캔버스 설정, 내보내기 등을 할 수 있습니다.

③ **조정** 🪄: 포토샵의 이미지 조정, 필터와 같은 기능으로, 이미지 색감을 조절하거나 다양한 필터 효과를 적용할 수 있습니다.

④ **선택 영역** 🔁: [자동], [올가미], [직사각형], [타원]의 형태로 선택 영역을 설정할 수 있습니다.

⑤ **이동** ➹: 선택 영역을 원하는 곳으로 이동하거나 크기 조절, 수평/수직 뒤집기 등 이미지를 자유롭게 변환할 수 있습니다.

⑥ **브러시 크기 조절 / 스포이드** ⬜ **/ 투명도 / 뒤로 가기** ↩ **/ 앞으로 가기** ↪

⑦ **브러시** ✏️ **/ 문지르기** 🖊️ **/ 지우개** ✒️: 브러시 라이브러리를 기반으로 색감, 질감 등 다양한 요소를 설정하여 그림을 그리고 문지르고 지울 수 있습니다.

⑧ **레이어** ⬛: 레이어를 추가해 레이어 작업을 할 수 있습니다.

⑨ **색상 팔레트** ⚫: 원하는 색상을 선택할 수 있습니다. 별개의 색을 추가할 수도 있습니다.

⑩ **캔버스:** 드로잉이 실질적으로 만들어지는 공간입니다.

새로운 캔버스 열기

프로크리에이트의 첫 화면에서 ⊕ 아이콘을 탭하면 자주 사용되는 캔버스 크기의 목록이 나타납니다. 원하는 크기를 선택하세요. ▭ 아이콘을 탭하면 캔버스의 사양을 직접 지정할 수 있습니다.

사용자지정 옵션을 선택한 경우 값을 설정한 후 [창작]을 탭하면 새로운 캔버스가 생성됩니다.

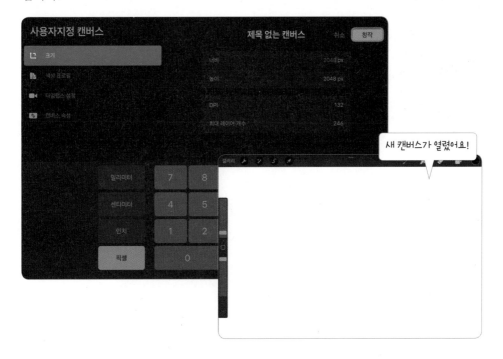

레이어 이해하기

포토샵과 마찬가지로 프로크리에이트는 레이어로 구성됩니다. 레이어는 겹겹이 쌓아 올린 그림이라고 생각하면 됩니다. 프로크리에이트의 완성된 그림을 보면 눈, 코, 입 모두 각각의 레이어로 만들어져 있는 것을 볼 수 있어요.

하면 된다! } 레이어 다루기

아이패드 드로잉으로 가장 먼저 시작하기 좋은 건 사진을 바탕에 깔고 따라 그리는 것입니다. 사진 위에 레이어를 추가하고, 원본 사진 레이어의 불투명도를 조절해 투명하게 하고 따라 그려 보세요.

01 [사진]을 탭해 밑그림으로 설정할 사진을 선택합니다.

02 오른쪽 상단의 레이어 아이콘 ▣을 탭한 후 ✚를 탭하면 레이어가 추가됩니다.

03 레이어를 왼쪽으로 스와이프하면 잠금, 복제, 삭제를 할 수 있습니다.

04 사진 레이어인 [레이어 1]의 알파벳 부분을 탭한 후 불투명도를 낮춰 보세요.

하면 된다! } 브러시 선택하고 드로잉하기

그림을 그릴 준비가 되었다면 이제 브러시를 선택하면 되는데요. 스케치부터 서예, 각
종 효과가 있는 브러시까지 용도에 따른 브러시의 종류가 정말 많습니다. 브러시를 선
택하면 브러시의 스타일도 세부적으로 조정할 수 있습니다. 그리기 패드에 자유롭게
그려 보며 나만의 브러시를 만들어 보세요!

01 [레이어 2]를 선택한 후 ✏ 아이콘을 탭해 브러시를 선택합니다.

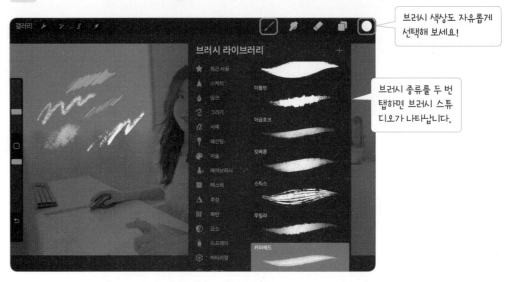

브러시 색상도 자유롭게
선택해 보세요!

브러시 종류를 두 번
탭하면 브러시 스튜
디오가 나타납니다.

02 브러시의 끝단처리, 모양 등 브러시의 속성을 세부적으로 조절합니다.

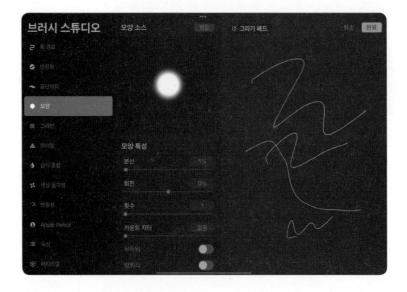

03 크기 슬라이드를 사용해 브러시의 크기를 조절하며 자유롭게 드로잉해 보세요!
사진 레이어인 [레이어 1]의 체크 표시를 해제하면 그림만 남게 됩니다.

톡써니의
**톡톡
꿀팁!**

레이어 이름을 정리해 주세요!

레이어를 하나하나 쌓으며 작업하는데 이름을 정리해 두지 않으면 나중에 특정
레이어를 찾는 데 시간이 오래 걸리겠죠? 레이어를 만들 때마다 바로바로 이름
을 정리해 두는 것을 추천합니다!

하면 된다! } 몸매 날씬하게 보정하기

색조, 채도, 밝기뿐만 아니라 다양한 효과를 입혀 사진의 분위기를 바꿀 수 있습니다.
특히 픽셀 유동화 기능을 사용하면 포토샵처럼 얼굴과 몸매까지 보정할 수 있어요!

01  아이콘을 탭한 후 [픽셀 유동화]를 탭합니다.

02 [밀기]를 선택한 후 조금씩 드래그하며 몸통을 날씬하게 보정해 보세요.

조금씩 안쪽으로
밀어 보세요!

크기, 압력, 왜곡, 탄력의
정도를 조절해 보세요!

04-4

굿노트로 다이어리 쓰기

아이패드 메모의 완성, 굿노트 `앱 내 구매`

굿노트는 아이패드를 대표하는 생산성 필기 앱입니다. 플래너나 다이어리를 만들 수도 있고, 학생이라면 시험 노트, 강의 필기용으로 사용할 수도 있습니다. 직장인에겐 회의록을 정리할 수 있는 도구가 되기 때문에 활용도가 높은 앱입니다.

굿노트는 꾸준한 업데이트를 통해 관리되고 있으며, 기존 사용자는 업데이트를 통해 굿노트의 새로운 기능을 꾸준히 받아 사용할 수 있습니다.

하면 된다! } 나만의 다이어리 만들기

01 [+ 신규]를 탭한 후 [노트북]을 탭합니다.

〈굿노트 사용법〉
영상 보기

02 노트북의 표지와 속지를 선택합니다.

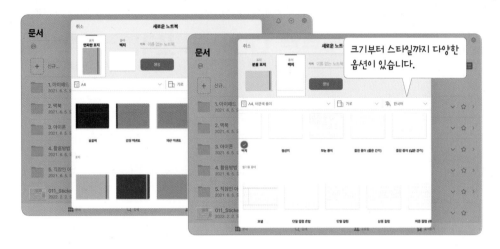

이 밖에 특별한 속지를 사용하고 싶다면 직접 만들어 나만의 스타일로 꾸밀 수도 있고, 온라인이나 굿노트 스토어에서 판매하는 속지를 구매할 수도 있습니다,

펜 설정하기

굿노트에서 3종의 펜을 사용할 수 있는데요. 만년필, 볼펜, 화필이 있습니다. 필기감이 중요한 만년필을 선택하면 펜 끝 선명도와 압력 민감도를 설정할 수 있습니다. 계약서에 서명할 때 만년필을 이용하면 종이에 적은 것처럼 날카로운 필기감으로 서명할 수 있어 유용합니다.

지우개 설정하기

지우개 스타일도 3종입니다. 작은 디테일을 지우는 정밀 지우개, 일반 지우개, 필기한 전체 획을 지우는 획 지우개가 있습니다.

공부할 땐 [하이라이터만 지우기]를 활성화하면 좋은데요. 필기한 공책에 형광펜으로 밑줄을 쳐 놓고 나중에 다시 공부할 때 형광펜만 지운다고 생각하면 돼요. 밑줄을 치면서 공부하는 것을 선호한다면 편리한 기능이죠.

[하이라이터만 지우기]를 활성화하면 지우개를 갖다 대더라도 형광펜만 지워질 뿐 글씨는 지워지지 않습니다.

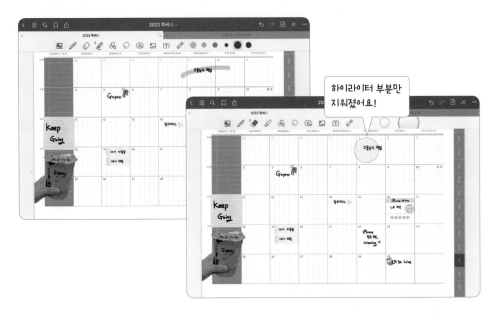

추가로 저는 애플 펜슬을 이중 탭하면 지우개로 사용할 수 있게 설정해 두었는데요. [설정 → Apple Pencil]을 탭하고 [현재 도구 및 지우개 간에 전환]을 선택해 보세요. 애플 펜슬을 두 번 탭하면 지우개로 바로 전환되기 때문에 빠르게 필기해야 할 때 유용합니다.

스티커 활용하기

'다꾸'라는 말을 들어 봤나요? 다이어리 꾸미기의 줄임말인데요. 스티커로 아기자기하게 다이어리를 꾸미는 것을 굿노트에서도 할 수 있습니다. 굿노트 도구 바에서 별 모양 아이콘 ⭐을 탭하면 굿노트에서 제공하는 여러 스티커를 사용할 수 있습니다.

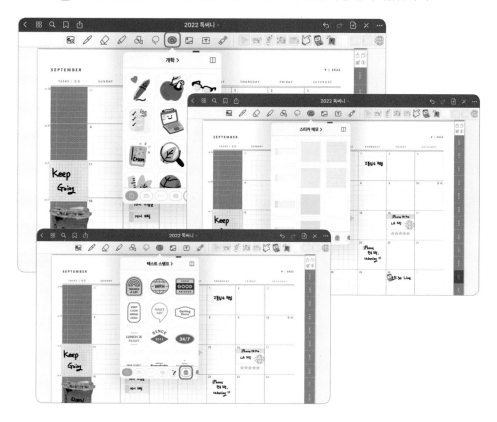

하면 된다! } 1초 만에 누끼 따서 스티커로 사용하기 iPadOS 16 이상

사진 및 이미지 등에서 피사체를 배경으로부터 분리하는 작업을 흔히 '누끼를 딴다'라고 합니다. iPadOS 16 업데이트로 기본 사진 앱에서 정말 간단한 방법으로 누끼를 딸 수 있게 됐습니다. 특히 음식 사진을 누끼로 따면 다이어리에 스티커로 사용하기 좋답니다!

01 사진 앱을 열고 누끼를 딸 사진을 선택합니다. 저녁에 먹은 짜장라면의 누끼를 따기 위해 음식 부분을 길게 누르고 [복사하기]를 탭합니다.

02 굿노트 앱을 열고 화면을 길게 누른 후 [붙여넣기]를 탭하세요. 칸에 맞춰 크기를 조절하면 무엇을 먹었는지 간편하게 기록할 수 있어요!

하면 된다! } **픽스아트로 스티커 만들기** 무료

사진 앱에서 피사체를 제대로 인식하지 못할 때는 픽스아트 앱을 활용해 보세요. 직접 영역을 선택할 수 있어 어떤 이미지든 스티커로 만들 수 있습니다.

01 ➕ 아이콘을 탭해 사진을 불러옵니다.

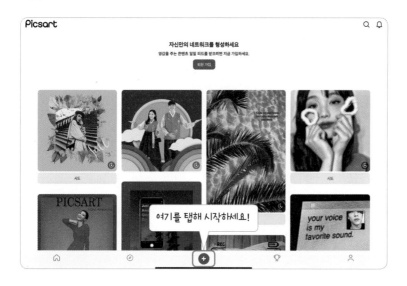

02 하단의 [잘라내기]를 탭하고 사람, 얼굴, 옷, 하늘 등 여러 항목 중 피사체가 되는 것을 탭합니다. 여기서는 [사람]을 선택했습니다. ➡ 아이콘을 탭해 다음 단계로 넘어 가세요.

03 하단의 [미리보기]를 눌러 배경이 잘 지워졌는지 확인하세요. 부분적으로 모자란 곳은 [복원]을 탭하고 애플 펜슬로 문지릅니다. 누끼를 정확히 땄으면 오른쪽 상단에 있는 [저장]을 탭해 저장한 후 굿노트에 삽입해 보세요!

사진 앱에서 확인해 보세요!

스티커의 퀄리티를 높여 보세요!

포토샵은 유료 앱이지만 다양한 선택 도구를 사용해 세밀하게 작업할 수 있다는 장점이 있습니다. 또한 파일 형식과 크기를 직접 설정할 수 있어 용도에 따라 다양한 방법으로 저장할 수 있습니다.

04-5

아이를 위한 아이패드 설정하기

큰 아이가 7살이 되자 학교에서 아이패드를 가져오라고 하더라고요. 이전에는 제 아이패드를 잠깐 빌려주는 정도였는데 아이패드를 넘겨줄 생각을 하니 무엇부터 설정을 하면 좋을지 몰라 하나씩 정리해 봤습니다.

스크린 타임 관리하기

가족 공유를 통해 아이와 부모의 아이패드를 연결한 후 아이의 아이패드 계정 아이콘을 탭합니다.

스크린 타임을 통해 아이의 아이패드 사용 시간과 앱 및 웹 사이트 활동을 볼 수 있습니다.

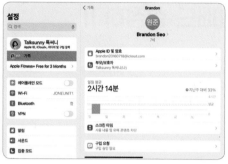

일일 평균

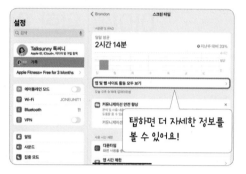

카테고리별 사용 시간

시간대별 사용 시간 분포

눈을 보호하는 기능 켜기

[스크린 타임 → 화면 주시 거리]를 탭하세요. 토글을 눌러 활성화하면 아이가 아이패드를 너무 가까이 대고 볼 때 화면 주시 거리 기능이 작동됩니다.

앱 설치, 삭제, 구입 허용 여부 선택하기

[스크린 타임 → 제한 → 콘텐츠 및 개인정보 보호 제한]을 탭한 후 토글을 활성화하세요.

[iTunes 및 App Store 구입]을 탭합니다. 앱 스토어 구입에 관한 허용 여부를 선택할 수 있습니다.

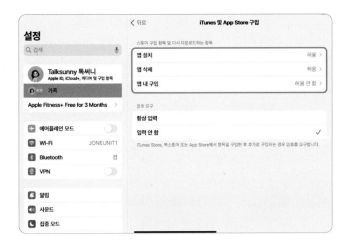

앱을 설치하게 되면 아이의 아이패드에서는 부모에게 요청하라는 알림이 뜨고, 부모에게는 아이의 요청을 검토하라는 메시지가 전송됩니다.

아이의 아이패드 화면

부모의 아이패드 화면

앱 다운로드를 허락할 것인지 부모가 결정할 수 있습니다!

콘텐츠 제한 설정 변경하기

[스크린 타임 → 콘텐츠 및 개인정보 보호 제한]에 들어가 허용된 앱과 콘텐츠 제한을 설정할 수 있습니다. [허용된 앱]을 탭하면 아이가 사용할 수 있는 앱의 목록을 확인할 수 있고, [변경 허용 → 암호 변경, 계정 변경]을 탭하면 아이가 스스로 암호나 계정을 변경할 수 없도록 설정할 수도 있습니다.

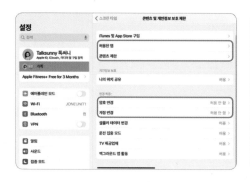

[콘텐츠 제한]을 탭하면 앱의 연령 등급별로 설치를 제한하거나 접속할 수 있는 웹 사이트를 선택할 수 있고, 비속어와 비공개 메시지를 쓸 수 없도록 설정할 수 있습니다.

엄마표 공부의 시작, 워크시트

제 아이들이 다니는 학원에서는 그림책을 읽을 수 있는 사이트를 제공합니다. 아이들의 과제를 위해 아이패드를 쥐어 주고 동시에 학습 체크도 하고 있습니다. 앱 스토어에도 아이 교육 목적으로 사용할 만한 유용한 앱을 쉽게 찾아볼 수 있는데요. 이처럼 아이패드도 잘만 활용하면 정말 괜찮은 교육 도구가 될 수 있습니다.

〈워크시트〉
영상 보기

다양한 온라인 학습 자료를 적극 활용해 보세요. 시중에 판매하는 워크시트 모음집도 있지만, 아이의 수준에 맞는 워크시트를 온라인에서 찾아보는 것도 추천합니다. 온라인에서 마음에 드는 것을 발견하면 아이패드와 프린터를 연결해 바로 인쇄해 보세요.

특히 아이 영어 공부에 Reading A-Z, Time for Kids, education, Mirae N 맘티처를 추천합니다. 사이트 내에서 유료 또는 무료로 이용할 수 있어요. 유튜브로는 BBC의 CBeebies를 틀면 영어 교육 영상을 볼 수 있어요. 소개한 웹 사이트 외에도 조금만 검색하면 뉴스, 과학, 수학, 그리기, 숨은 그림 찾기, 동화 등 다양한 워크시트를 쉽게 찾을 수 있습니다. 엄마표 공부를 시도해 보기 좋습니다.

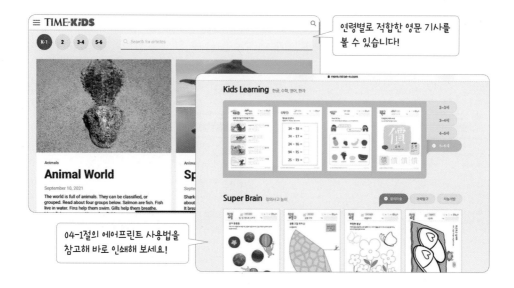

연령별로 적합한 영문 기사를
볼 수 있습니다!

04-1절의 에어프린트 사용법을
참고해 바로 인쇄해 보세요!

- Reading A-Z: www.readinga-z.com
- Time for Kids: www.timeforkids.com
- education: www.education.com
- Mirae N 맘티처: www.mirae-n.com/mt/mn-mt-1.frm

오스모

오스모(Osmo)란 아이패드 화면을 단순히 터치하는 것이 아닌, 아이패
드 카메라에 반사경을 거치해 아이가 작업한 결과물을 아이패드 앱에
인식시키는 방법인데요. 물리적으로 교구를 만지면서 학습할 수 있는
흥미로운 교육 방식입니다.

〈오스모 사용법〉
영상 보기

오스모를 아마존에서 직접 구매해 사용하고 있는데요. 3세부터 12세
까지 사용하기 적합합니다. 알파벳 쓰기부터, 퍼즐, 그림, 코딩, 수수께끼 해결, 수학 등
다양한 학습 교구가 있습니다.

오스모 거치대에 아이패드를
세우고 반사경을 거치합니다.

아이패드에 오스모 앱을 설치하면 바로 시작할 수 있어요.

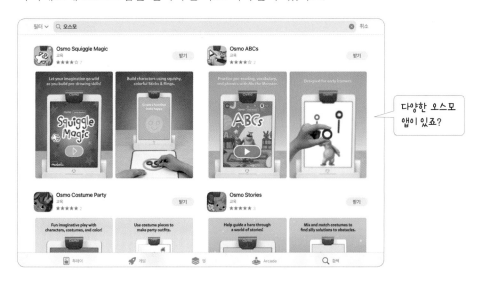

다양한 오스모 앱이 있죠?

톡써니의
톡톡
꿀팁!

오스모를 샀는데 아이패드와 호환이 안 돼요!

저도 딱 이런 상황을 겪었는데요. 아이들이 쓸 수 있도록 아이패드 미니 5세대와 아이패드 프로 11형 2세대를 이용할 계획이었는데, 미니 5세대는 문제 없이 작동하는 반면 프로 11형 2세대는 반사경 호환이 안 되더라고요.

바로 프로 11형 2세대의 얇은 베젤 때문에 호환이 되지 않는 것이었는데, 반사경에 연필을 하나 꽂아 두니 카메라 위치가 맞더라구요. 베젤이 얇은 아이패드를 사용한다면 이 방법을 참고하세요!

아이를 위한 교육용 앱

아이들을 교육하기 위한 아이패드 앱 3가지를 추천할게요. 다양한 애니메이션으로 공부하면 아이들도 재미있게 공부할 수 있겠죠?

<교육용 앱>
영상 보기

Khan Academy Kids 무료

아이가 낙서할 수 있는 미술부터 수학, 읽기, 영단어, 책, 비디오 등 다양한 것을 무료로 이용할 수 있는 앱입니다. 저희 아이들에게도 어릴 때부터 손에 애플 펜슬을 쥐어 주고 이 앱으로 그림을 그리게 했어요. 기록들이 차곡차곡 저장돼 정말 좋아요. 무료라서 교육용 앱을 처음 사용하는 경우에 추천합니다.

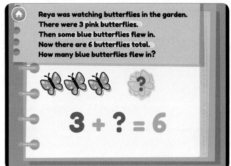

토도수학 유료

어린이용 앱 중에서 상위권을 차지하는 앱입니다. 연간 구독제로 이용할 수 있고 처음 3일은 무료로 체험할 수 있습니다(2024년 기준). 앱에 대한 리뷰도 좋은 편이고 저 역시 만족도가 정말 높아서 연간 구독제를 이용하고 있습니다.

토도수학 앱을 통해 유아부터 초등학교 3학년 정도까지의 아이가 수학을 재미있게 배울 수 있는데요. 타이머를 설정한 후 시간에 맞춰 문제를 푸는 코너도 있어서 아이가 집중력 있게 연산을 하는 데 도움을 줍니다. 학습에 대한 내용을 부모에게 카카오톡으로 보내 주기 때문에 학습량을 관리하기도 쉽습니다.

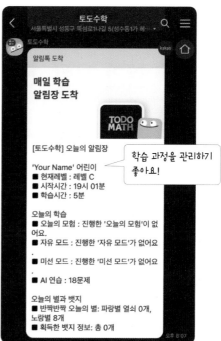

Dr.Panda 도시: 휴가 `앱 내 구매`

레스토랑 주인이 되어 손님에게 음식을 만들어 주는 앱입니다. 원숭이
와 코끼리에게 줄 파스타와 카레를 만들고 다 된 음식은 직접 먹여줄
수 있어요. 가스 불 조절부터 음식 재료 선정까지 요리의 과정을 따라
할 수 있어서 재미의 요소가 많습니다. 두 메뉴 외에 추가 메뉴를 만들
고 싶다면 앱 내 구매가 필요하지만, 무료 사용으로도 충분히 즐길 수 있습니다. 아이가
재밌게 즐길 수 있는 앱이에요.

04-6

증강 현실, 게임용으로 사용하기

라이다 스캐너를 활용한 증강 현실

라이다(LiDAR) 스캐너는 빛을 이용해 주변을 탐색하고 빛이 되돌아오는 시간을 계산해 이미지화하는 것을 말합니다. 아이패드 프로 4세대부터 라이다 스캐너가 탑재됐는데요. 증강 현실(AR)을 좀 더 세밀하고 정확하게 구현할 수 있게 도와줍니다. 그간 AR을 많이 사용했던 분야는 게임이었습니다. 포켓몬 고 게임처럼 현실에 캐릭터를 불러올 수 있죠.

요즘엔 쇼핑에 도움을 주는데요. 이케아(IKEA)와 아마존(Amazon) 앱에서는 AR을 이용해 구매할 제품을 가상으로 집안에 들여올 수 있습니다(아마존은 해외에서만 가능). 가구의 크기, 모양 등을 우리 집에 적용해 볼 수 있어 가구가 집의 분위기와 어울리는지, 집안의 공간은 여유가 있는지 직접 눈으로 확인할 수 있어요. 쇼핑의 고민을 덜어 주는 것도 AR 덕분이네요. 아이패드의 라이다 스캐너를 활용할 곳이 앞으로 무궁무진하다는 생각이 듭니다.

라이다 스캐너 추천 앱

라이다 스캐너가 들어간 아이패드를 갖고 있다면 써보길 추천하는 앱을 소개할게요.

스카이 가이드 `유료`

밤하늘에 아이패드를 들어 보세요. 눈에 보이지 않지만 지금 떠 있는 별자리를 표시합니다. 단순 별자리 관측 그 이상으로 100배 더 많은 별 관측, 100배 확대/축소, 고급 유성우 관측 등의 서비스를 이용하려면 월 3,900원을 지불해야 하지만 우리나라에서 별자리를 보는 게 쉽지 않으니 이 또한 소소한 낭만이죠?

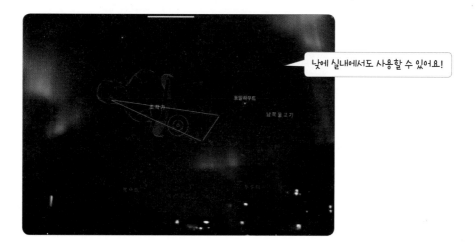

Google Arts & Culture `무료`

해외 유명 박물관에 있는 명화를 우리 집에 걸어 보는 건 어때요? 사진을 고전 예술 작품 스타일로 바꾸고 나와 닮은 초상화를 찾아 주는 등 다양하고 재미있는 기능이 있어요. 무료라서 부담 없이 사용할 수 있답니다.

하단 메뉴에서 [재생]을 탭한 후 Art Projector(아트 프로젝터)를 탭해 보세요.

아이패드를 들고 주변을 인식시킨 후 명화를 선택하면 공중에 명화가 나타납니다.

AR을 통해 반 고흐의 작품인 'A Crab on its Back'을 내 방에 가져다 둔 모습

이때 카메라가 제대로 작동하지 않는다면 [설정 → 개인정보 보호 및 보안 → 카메라]
에서 [Arts & Culture]의 토글 버튼을 활성화해 주세요.

아이패드로 세계를 여행하세요!

Arts & Culture 앱에서는 세계 곳곳의 박물관과 랜드마크를 가상으로 여행할 수 있고, 예술 작품을 바로 앞에서 보는 듯한 경험도 할 수 있습니다.

방구석에서 타지마할을 방문해 보세요!

손가락으로 화면을 확대/축소해 갤러리 곳곳을 둘러보세요!

듀얼쇼크 연결해 게임하기

아이패드와 듀얼쇼크 컨트롤러를 블루투스로 연결해 게임을 즐길 수 있습니다.

닌텐도, 플레이스테이션 등의 게임 기기와 연결해 사용하는 듀얼쇼크 컨트롤러!

Pascal's Wager 유료

120Hz 주사율을 지원하는 아이패드 프로를 사용하고 있다면 Pascal's Wager 게임을 추천합니다. 아이패드 프로를 위한 설정이 따로 있어서 아이패드 프로가 낼 수 있는 최고의 퍼포먼스를 즐길 수 있습니다.

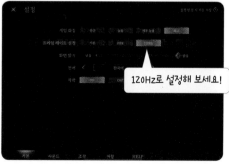

120Hz로 설정해 보세요!

스마트폰, PC와 연동하기

애플 사용자들 사이에 '사과 농장에 한번 들어가면 빠져나오기 어렵다'라는 말이 있어요. 그만큼 애플 생태계의 연결성이 좋다는 건데요. 방금 전에도 저는 아이패드에 있는 대용량 사진과 영상을 에어드롭을 사용해 아이폰으로 옮겼습니다. 탭 몇 번으로 말이죠.

물론 아이패드는 애플 기기가 아닌 다른 기기와도 충분히 연동해 사용할 수 있습니다. 안드로이드 휴대폰이나 윈도우 PC와는 어떻게 연동해야 하는지도 함께 알아보겠습니다.

05-1 ★ 아이패드와 아이폰, 맥북

05-2 ★ 아이패드와 안드로이드

05-3 ★ 아이패드와 윈도우

05-1

아이패드와 아이폰, 맥북

에어드롭

애플 기기의 최고 기능은 단연 에어드롭(AirDrop)이 아닐까요? 에어드롭은 애플 기기 간에 와이파이 다이렉트를 이용해 사진, 영상, 문서, 연락처 등을 간편하게 공유하는 기능입니다. 에어드롭은 블루투스로 주변 기기를 탐색하고 와이파이 다이렉트를 이용해 파일을 전송하는 방식이기 때문에 전화번호를 몰라도 사진이나 영상, 파일 등을 빠르게 주고받을 수 있습니다.

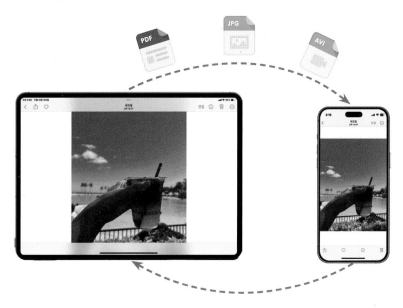

하면 된다! } 에어드롭으로 사진 공유하기

01 공유할 파일을 선택한 후 공유 아이콘 ⬆️을 탭합니다.

02 [AirDrop]을 탭한 후 주변에 있는 전달하고 싶은 기기를 선택합니다. 이때 기기의 화면이 켜져 있어야 공유 목록에 나타납니다.

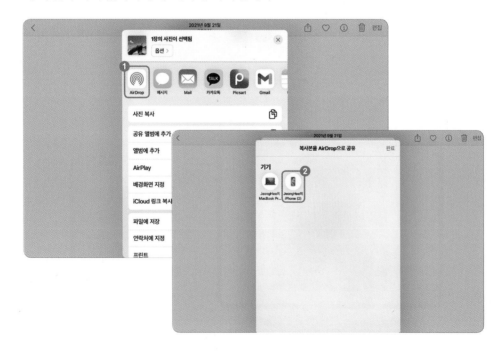

톡써니의

**톡톡
꿀팁!**

기기는 옆에 있는데 에어드롭 목록에 보이지 않아요!

공유할 기기에 와이파이와 블루투스가 활성화돼 있는지 확인하세요. 그리고 에
어드롭의 수신 가능 범위를 설정하세요. [설정 → 일반 → AirDrop]을 탭하면
[수신 끔/연락처만/모든 사람에 대해 10분 동안] 중에서 수신 범위를 선택할
수 있는데, 여기에서 [모든 사람에 대해 10분 동안]을 선택하면 해당 기기 목록
이 추가될 거예요.

03 연락처를 공유하지 않은 사람에게도 사진, 영상, 문서 등을 전달할 수 있기 때문
에 사람이 많은 카페나 지하철에서 에어드롭을 이용할 때는 공유할 기기의 이름을 잘
살펴야 합니다. 자칫하면 모르는 누군가에게 사진을 전송하게 될 수도 있거든요!

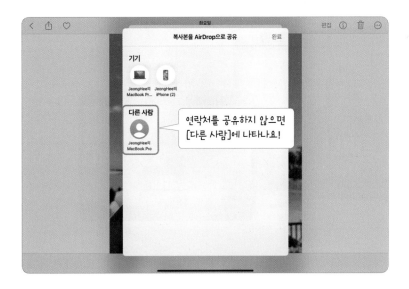

04 이와 반대로 모르는 누군가가 내게 사진, 영상, 문서 등을 전달할 수도 있겠죠? [설정 → 일반 → AirDrop]에서 [연락처만]을 선택하면 나의 연락처에 있는 사람들끼리만 에어드롭을 이용할 수 있습니다. 불특정 다수가 내게 사진이나 영상, 파일 등을 보내길 원치 않을 경우 설정하세요.

에어플레이

에어플레이(AirPlay)는 애플 기기에 있는 음악, 사진, 영상을 다른 기기와 무선으로 연결해 실시간으로 공유할 수 있는 서비스입니다. 여러 명이 모여 회의를 할 때 아이패드 화면을 회의실 TV에 에어플레이로 연결하면 기록이나 영상을 함께 볼 수 있습니다. 마찬가지로 집에서도 에어플레이를 사용할 수 있겠죠? 귀갓길에 아이폰이나 아이패드에서 보던 영상을 TV로 보내 손쉽게 볼 수 있습니다.

영상 데이터를 TV 디스플레이로 송출하는 경우, 영상도 TV의 해상도에 맞춰 재생됩니다. 에어플레이를 지원하는 스피커를 사용한다면 음악도 연결해 재생할 수 있습니다.

아이패드로는 다른 작업을 할 수 있어요!

아이패드에서 제어 센터를 연 후 오른쪽 상단에 있는 미디어 재생 파트에서  아이콘을 탭합니다. 미디어를 재생하면 어떤 기기에서 재생하고 있는지 확인할 수 있습니다. 에어플레이는 아이패드 2세대, 아이패드 미니 1세대부터 지원됩니다. 에어플레이가 가능한 TV 목록은 애플 홈페이지에서 확인할 수 있습니다.

아이패드의 영상을 TV로 송출해 보세요!

하면 된다! 〉 TV로 영상 송출하기

아이패드와 TV를 에어플레이로 연결해 유튜브 영상을 크게 틀어 볼까요?

01 에어플레이로 연결할 TV와 아이패드를 동일한 무선 네트워크에 연결합니다.

02 아이패드에서 스트리밍할 콘텐츠를 선택한 후 에어플레이를 연결할 기기(여기서는 TV)를 선택합니다.

03 TV에 표시된 코드를 아이패드에 입력한 후 [확인]을 탭하면 아이패드에서 재생한 영상이 TV로 송출됩니다.

04 아이패드 화면에는 'TV에서 재생 중'이라는 문구가 나타납니다.

영상은 TV에 띄워 두고 아이패드로는 다른 기능을 사용할 수 있어요!

구글 크롬 캐스트를 사용해 미러링해 보세요!

에어플레이를 지원하지 않는 TV라면 구글 크롬 캐스트(Chromecast)를 이용해 보세요. 구글 크롬 캐스트가 지원하는 다양한 미디어 앱을 통해 아이패드와 TV를 무선으로 미러링할 수 있습니다. 유료이긴 하지만, 케이블 요금을 생각해 보면 꽤 가성비가 좋아요.

단, 기기의 화면을 완벽하게 미러링하지는 못하고 미디어 앱을 통한 콘텐츠 영상만 미러링할 수 있기 때문에 영상 감상을 위한 용도로 추천합니다.

1. 구글 크롬 캐스트를 TV의 HDMI 단자에 연결합니다.

일반 TV를 스마트 TV로
사용할 수 있어요!

2. 아이패드에 Google Home 앱을 설치하고 구글 계정으로 로그인하면 다음과 같이 나타납니다. 저는 크롬 캐스트의 이름을 '거실 tv'로 등록해 두었어요!

알아보기 쉬운 이름으로
변경해 보세요!

3. 스마트 TV 용도는 기본이고 아이패드의 넷플릭스, 유튜브 앱 등에서 화면 공유 아이콘 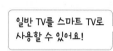을 탭하면 시청하던 아이패드의 영상을 TV로 시청할 수 있습니다.

화면 미러링

화면 미러링은 하나의 영상 공유가 아닌 아이패드, 아이폰, 맥의 화면 그대로를 공유하는 방식입니다. 말 그대로 기기의 화면이 TV나 모니터에 그대로 보여지기 때문에 다양한 경우에 사용할 수 있어요. 저는 회의나 라이브 방송을 할 때 미러링을 자주 사용하는데요. 하나의 화면을 보면서 제작진과 자료를 공유하거나 라이브 채팅을 볼 때 굉장히 유용해요. 화면 미러링을 일상과 업무에 활용해 생산성을 높여 보세요!

아이패드 속 작업 상황을 큰 모니터로 미러링해 팀원들과 공유해 보세요!

하면 된다! } 미러링으로 화면 공유하기

화면 미러링을 하면 아이패드의 화면이 그대로 미러링을 연결한 모니터에 나타납니다. 영상은 물론 채팅, 사파리 등 아이패드에서 사용 중인 앱의 화면을 고스란히 볼 수 있어 다수의 사람들과 화면을 공유해야 할 때 유용합니다.

01 아이패드와 TV를 동일한 무선 네트워크에 연결한 후 제어 센터를 열어 화면 미러링 아이콘 을 탭합니다. 동일한 무선 네트워크에 연결된 장치 중 화면 미러링을 지원하는 기기의 목록이 나타납니다. 화면 미러링을 연결할 기기를 선택합니다.

 TV는 제조사별로 환경 설정의 구성이 다릅니다. 네트워크 연결을 검색하거나 에어플레이 지원 메뉴에서 확인할 수 있습니다.

02 아이패드의 화면이 TV 화면에 출력됩니다.

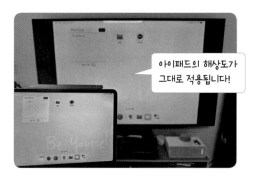

아이패드의 해상도가 그대로 적용됩니다!

톡써니의
**톡톡
꿀팁!**

무선 연결이 되지 않아요!

에어플레이나 미러링을 지원하지 않는 TV를 갖고 있거나 네트워크 환경이 좋지 않아서 무선 미러링이 어려운 경우가 있습니다. 이럴 때는 케이블로 유선 연결을 하면 미러링을 할 수 있습니다(해당 애플 기기의 충전 단자에 따라 USB C to HDMI 또는 라이트닝 to HDMI를 사용합니다). 단, 유선 연결로 미러링을 하면 아이패드의 비율인 4:3 비율이 동일하게 출력되기 때문에 TV에 출력되는 화면의 상하좌우에 검은 부분이 생긴다는 아쉬움이 있습니다. 또한 넷플릭스와 같이 앱 자체적으로 유선 미러링을 막아 놓은 경우에는 할 수 없다는 단점도 있습니다.

사이드카

맥의 화면을 좀 더 넓게 보고 싶다면 아이패드를 듀얼 모니터로 사용할 수 있습니다. 영상 작업을 하는 경우, 아이패드를 디스플레이로 연결해 편집 작업 창으로 활용하기도 하는데요. 맥의 큰 화면과 애플 펜슬을 사용할 수 있는 아이패드의 장점을 모두 이용할 수 있습니다.

화면을 확장해 듀얼 모니터처럼 사용해요!

사이드카를 이용하기 위한 조건

❶ 각 기기에서 동일한 애플 계정으로 로그인하기

❷ 두 기기 간 거리를 10m 내로 유지하기

❸ 각 기기의 블루투스, 와이파이, 핸드오프 기능 켜기

❹ 아이패드는 셀룰러 연결을 공유하지 않고 맥은 인터넷 연결을 공유하지 않기

이중 인증을 꼭 사용해야 하나요?

아이패드를 쓰다가 PC에서 애플 홈페이지에 접속해 로그인하려고 하면 이중 인증을 위한 창이 아이패드와 PC 화면 모두에 나타납니다. 새 기기(신뢰하지 않는 기기)에 처음으로 로그인했을 때 보안의 문제가 발생할 수 있기 때문에 이중 인증을 꼭 진행해야 하는데요. 기존에 사용하던 아이패드(신뢰할 수 있는 기기)에 인증을 위한 확인 코드를 입력하면 첫 로그인하는 PC에서도 안전하게 로그인할 수 있습니다.

[설정 → Apple ID → 로그인 및 보안 → 이중 인증]에서 이중 인증을 활성화할 수 있습니다.

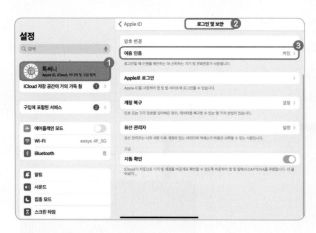

하면 된다! } 사이드카로 화면 공유하기

아이패드를 맥북의 듀얼 모니터로 사용하기 위해 사이드카로 화면을 공유해 보겠습니다. 먼저 듀얼로 사용할 두 기기 모두 이중 인증을 사용 중인 애플 계정으로 로그인합니다. 계정이 같아야 연결할 수 있습니다.

01 맥의 왼쪽 상단에 있는 [Apple 메뉴
 → 시스템 설정]을 클릭합니다.

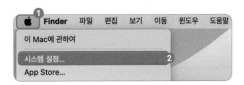

02 왼쪽 메뉴에서 [디스플레이]를 클릭합니다. ＋ 아이콘을 클릭하면 같은 계정에 로그인된 기기 목록이 나타납니다. 여기서는 [iPad]를 선택하겠습니다.

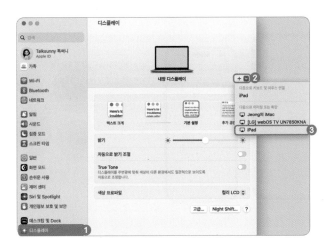

03 맥북 왼쪽에 나타난 아이패드 이미지를 클릭한 후 [다음으로 사용] 항목의 [확장되거나 미러링된 디스플레이]를 선택합니다.

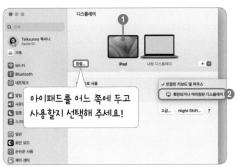

아이패드를 어느 쪽에 두고 사용할지 선택해 주세요!

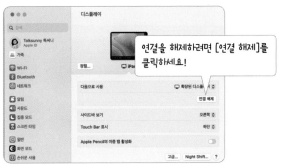

연결을 해제하려면 [연결 해제]를 클릭하세요!

04 맥북의 듀얼 모니터로 아이패드를
연결했습니다. 아이패드에 애플 펜슬 터치
가 가능해 생산성을 더 높일 수 있습니다.

> 맥북의 인터페이스가 나타나요!

핸드오프

핸드오프는 특정 작업을 다른 기기에서 넘겨 받아 이어서 진행할 수 있게 해주는 기능
입니다. 핸드오프를 이용하면 지하철에서 아이패드로 업무 메일을 보내다가도 사무실
에 도착해 완성할 수 있습니다. 책상에 앉아 맥북으로 사파리를 사용하다가 소파로 이
동해 아이패드로 이어서 사용할 수도 있죠. 생산성을 매우 높일 수 있는 기능입니다.

> 아이패드에서 하던 작업을
> 아이폰으로 이어서 해요!

핸드오프 기능을 이용하기 위한 조건
❶ 각 기기에서 동일한 애플 계정으로 로그인하기
❷ 각 기기의 블루투스, 와이파이, 핸드오프 기능 켜기

핸드오프를 지원하는 앱
메일, 지도, 사파리, 미리 알림, 캘린더, 연락처, 페이지, 넘버스, 키노트 및 서드파티 앱

하면 된다! } 아이패드에서 검색 화면 이어서 보기

01 아이패드에서 [설정 → 일반 → AirPlay 및 Handoff]을 탭한 후 [Handoff]의 토글 버튼을 활성화합니다.

02 아이패드의 홈 화면을 열면 기존에 맥에서 사용하고 있던 사파리 아이콘이 아이패드의 독 바에 나타납니다. 사파리 아이콘 🧭을 탭해 보세요.

앱 오른쪽 상단에 아이폰 모양 아이콘이 나타나요!

아이폰 아이콘이 없는 경우, 아이패드에서 기존에 보던 페이지가 열려요!

03 아이패드 화면에서 사파리를 이어
사용해 보세요!

공통 클립보드

하나의 애플 기기에서 글, 사진, 비디오 등을 복사해 다른 애플 기기에 붙여 넣을 수 있습니다. 예를 들어 아이폰에서 마음에 드는 사진을 복사한 후 아이패드에 있는 메모 앱에 붙여 넣을 수 있는 것이죠. 이 기능은 에어드롭만큼이나 자주 사용하는데요. 탭 몇 번으로 아이패드에서 보던 내용을 복사해 맥에 붙여 넣을 수도 있고 아이폰에서 보던 내용을 복사해 아이패드에 붙여 넣을 수도 있습니다.

선택 부분을 길게 눌러 복사하기, 붙여 넣기, 오려 넣기를 할 수 있습니다.

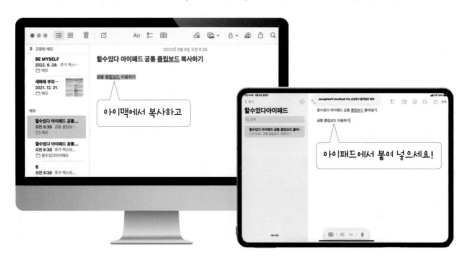

공통 클립보드를 이용하기 위한 조건
❶ 각 기기에서 동일한 애플 계정으로 로그인하기
❷ 각 기기의 블루투스, 와이파이, 핸드오프 기능 켜기
❸ 각 기기의 소프트웨어 버전이 최소 iOS 10, iPadOS 13, macOS 10.12 이상인지 확인하기

유니버설 컨트롤

맥에 다른 맥 또는 아이패드와 키보드, 트랙패드, 마우스를 연결해 사용할 수 있는 기능입니다. 하나의 액세서리로 두 기기를 연결해 사용할 수 있는 것이죠. 또한 기기 간에 사진, 동영상, 문서 등의 파일을 드래그로 이동할 수 있습니다.

하나의 키보드, 마우스로
두 기기를 사용해요!

유니버설 컨트롤 기능을 이용하기 위한 조건
❶ 각 기기에서 이중 인증을 사용해 동일한 애플 계정으로 로그인하기
❷ 각 기기의 블루투스, 와이파이, 핸드오프 기능 켜기
❸ 각 기기의 소프트웨어 버전이 최소 iPadOS 15.4, macOS 12.3 이상인지 확인하기

하면 된다! } 유니버설 컨트롤 연결하기

01 맥에서 유니버설 컨트롤 연결하기
맥의 왼쪽 상단에 있는 [Apple 메뉴] →
시스템 설정]을 클릭합니다.

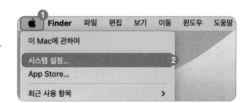

02 왼쪽 메뉴에서 [디스플레이]를 클릭합니다. ＋ 아이콘을 클릭한 후 [다음으로 키보드 및 마우스 연결]에서 연결할 아이패드를 선택합니다. 이어서 하단에 있는 [고급]을 클릭하세요.

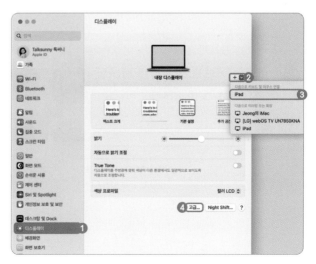

03 [포인터 및 키보드가 근처의 Mac 또는 iPad 간에 이동하도록 허용]의 토글 버튼을 활성화합니다. [완료]를 클릭합니다.

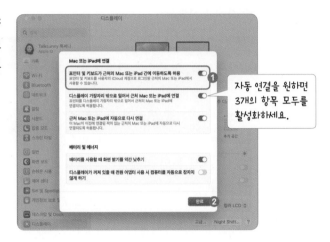

자동 연결을 원하면 3개의 항목 모두를 활성화하세요.

04 아이패드에서 유니버설 컨트롤 연결하기

[설정 → 일반 → AirPlay 및 Handoff]를 탭한 후 [커서 및 키보드]의 토글 버튼을 활성화합니다.

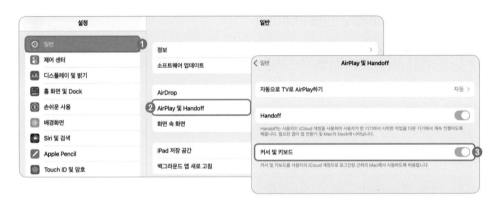

05 이제 아이패드와 맥북을 하나의 마우스로 컨트롤할 수 있습니다.

아이패드 전용 키보드가 없어도 문제 없어요!

05-2

아이패드와 안드로이드

"휴대폰은 갤럭시, 태블릿은 아이패드를 사용하는데요. 어떻게 활용하면 좋을까요?"라는 질문을 많이 받습니다. 애플 기기 간의 연동성만큼 빠르고 직관적이진 않지만 어느 정도 대체할 수 있는 방법이 있는데요. 투(two) 폰 사용자인 제가 아이패드와 안드로이드 휴대폰을 똑똑하게 쓰는 방법을 공유할게요.

캘린더 연동으로 일정 빠르게 관리하기

"갤럭시 휴대폰과 아이패드를 연동할 수 있는 캘린더 없나요? 갤럭시 휴대폰에 일정을 입력하면 아이패드에서도 볼 수 있는 캘린더요!" 네, 다행스럽게도 있습니다. 대중적으로 사용되는 캘린더인 구글 캘린더와 네이버 캘린더를 소개할게요.

구글 캘린더 무료

구글 캘린더는 삼성의 기본 캘린더 앱은 물론 애플의 아이클라우드와도 연동할 수 있기 때문에 활용도가 정말 높습니다. 갤럭시 휴대폰에서 삼성 기본 캘린더에 일정을 입력하면 구글 캘린더와 연동되면서 아이클라우드로 넘어와 아이패드에서도 해당 일정을 볼 수 있죠. 진정 기기에 구애받지 않는 캘린더 앱이 아닐까 싶습니다.

하면 된다! } **구글 캘린더 연동하기**

01 **삼성 캘린더와 구글 캘린더 연동하기**

안드로이드 휴대폰에서 구글 캘린더 앱을 다운로드한 후 구글 계정으로 로그인합니다.

삼성 갤럭시 기본 캘린더 앱에 구글 계정을 연동해 볼게요.

[설정 → 애플리케이션 → 캘린더]를 탭합니다.

02 [캘린더 설정 → 캘린더 관리]에서 [Google]의 토글 버튼을 활성화합니다.

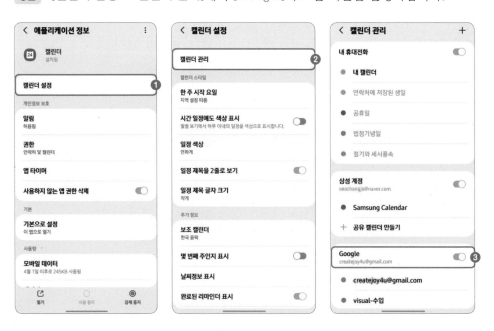

03 아이클라우드에서 구글 캘린더 동기화하기

아이패드에 구글 캘린더 앱을 다운로드한 후 같은 구글 계정으로 로그인합니다.
[설정 → Apple ID → iCloud]에서 [캘린더]의 토글 버튼을 활성화합니다.

04 아이패드의 기본 캘린더에 구글 계정을 추가해 볼게요.
[설정 → 캘린더 → 계정 → 계정 추가]를 탭합니다.

05 구글을 선택한 후 구글 캘린더에 사용하고 있는 구글 계정으로 로그인합니다.

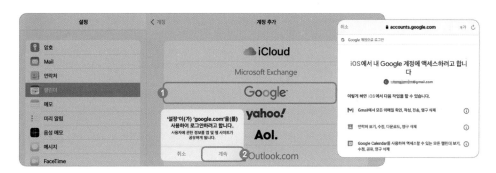

06 지메일 계정이 제대로 등록됐는지 확인합니다.

07 안드로이드 휴대폰의 구글 캘린더 속 일정과 아이패드의 구글 캘린더 속 일정이 합쳐졌습니다. 아이패드에 적은 일정을 안드로이드 휴대폰에서 실시간으로 볼 수 있습니다.

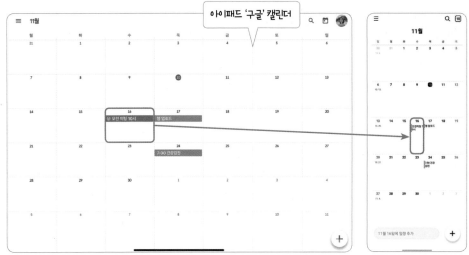

아이패드 구글 캘린더에 적은 일정이 삼성 캘린더에 등록된 경우

삼성 캘린더에 적은 일정이 아이패드 기본 캘린더에 등록된 경우

네이버 캘린더 무료

네이버 캘린더의 가장 큰 장점은 바로 국내 서비스이기 때문에 국가 공
휴일 및 음력 달력을 확인하기 쉽다는 거예요. 이번에는 네이버 캘린더
를 아이패드와 연동해 볼까요?

하면 된다! } 네이버 캘린더 연동하기

01 [설정 → 캘린더 → 계정 → 계정 추가 → 기타 → CalDAV 계정 추가]를 탭하세요.

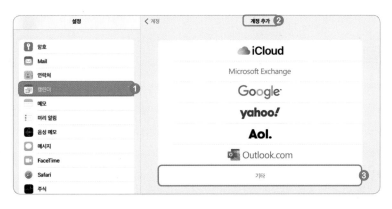

02 서버에 caldav.calendar.naver.com이라고 입력한 후 네이버 캘린더에 사용
하고 있는 네이버 계정으로 로그인합니다. [저장]을 탭합니다.

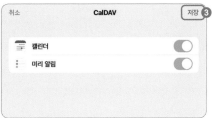

03 CalDav 계정이 추가됐습니다.

이제 아이패드의 기본 캘린더 앱에서도 네이버 캘린더에 저장한 일정을 확인할 수 있습니다.

캘린더 계정이 확인되지 않아요!

최근 해킹 사건이 증가하면서 네이버 이중 인증을 사용하는 경우가 많은데요. 네이버 이중 인증을 설정한 상태에서는 캘린더에 계정이 확인되지 않습니다. 이럴 때는 네이버에서 추가 보안 설정을 통해 비밀번호를 부여받아야만 연동 작업을 진행할 수 있습니다.

1. 네이버에 로그인한 후 [네이버 ID]를 클릭합니다.

2. [보안설정]을 탭한 후 [2단계 인증]의 [설정]을 탭합니다.

3. 비밀번호를 입력하고 [확인]을 탭합니다.

4. [1. 종류선택]에서 [직접 입력]을 선택한 후 CalDav라고 입력합니다. [2. 비밀번호 생성]의 [생성하기]를 클릭합니다.

5. 생성된 암호를 아이패드 CalDav 계정 추가 시 암호로 사용하세요!

앱으로 간단하게 사진 공유하기

05-1절에서 아이폰, 아이패드, 맥끼리는 에어드롭을 통해 손쉽게 사진을 전송할 수 있다고 했죠? 그렇다면 안드로이드 휴대폰과 아이패드끼리는 어떻게 전송하면 좋을까요?

카카오톡 무료

카카오톡을 갤럭시 휴대폰과 아이패드에 동일한 계정으로 로그인한 후 나와의 채팅을 통해 사진을 전송하는 방법입니다. 간단한 사진 또는 동영상을 전송할 때에는 무리가 없지만, 용량이 큰 영상이나 대량의 사진을 한 번에 주고받기에는 시간이 오래 걸린다는 단점이 있습니다.

화질 손상 없이 원본 이미지를 전송하고 싶다면 설정 아이콘 ⚙을 탭한 후 [전체 설정 → 채팅]을 탭해 보세요. [미디어 전송 관리]에서 사진 및 동영상의 화질을 선택할 수 있습니다.

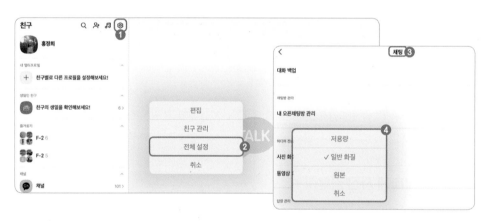

센드애니웨어(Send Anywhere) 무료

센드애니웨어는 갤럭시 사용자에게 아주 익숙한 사진 전송 앱입니다. 로그인이 필요 없는 서비스라 매우 간편하고 안드로이드 휴대폰, 아이패드, 윈도우에서 모두 사용할 수 있습니다. 아이폰과 맥에서도 사용할 수 있어요. 에어드롭만큼 빠르진 않지만 대체할 만한 방법 중 하나입니다. 휴대폰과 아이패드에서 센드애니웨어 앱을 설치한 후 따라 해보세요!

하면 된다! } 센드애니웨어로 사진 전송하기

01 아이패드에서 센드애니웨어 앱을 열면 내 기기에 저장된 사진과 영상 목록이 보이는데요. 보내고자 하는 사진이나 영상을 선택한 후 [보내기]를 탭합니다.

 PC에서 사용할 때는 센드애니웨어 사이트(send-anywhere.com)에 접속하면 됩니다.

02 6자리 숫자와 QR코드가 아이패드 화면에 표시되면 휴대폰에서 센드애니웨어 앱을 열어 키를 입력합니다.

이렇게 앱에서 다운로드하는 방식으로 편리하게 파일을 전송할 수 있습니다. 사진 앱에 들어가면 파일이 들어와 있는 것을 확인할 수 있습니다.

클라우드 서비스로 파일 공유하기

클라우드 서비스에서 제공하는 앱을 사용해 파일, 사진, 동영상 등을 안드로이드와 아이패드 간에 이동할 수 있습니다. 구글에서는 구글 드라이브와 구글 포토, 마이크로소프트에서는 원드라이브를 제공합니다. 저는 파일이나 중요한 문서는 드라이브에 보관하고 사진은 구글 포토를 활용하고 있어요.

구글 드라이브 `무료`

앱 스토어에서 구글 드라이브 앱을 다운로드합니다. 구글 계정으로 로그인하면 15GB의 용량을 사용할 수 있습니다. 이 용량은 구글 드라이브에 한정된 것이 아니라 구글에서 제공하는 드라이브, 포토, 이메일, 캘린더 등을 포괄한 용량으로 구글 원(Google One) 통합 서비스입니다.

구글 원 통합 서비스

드라이브에 파일을 올리는 방법은 매우 간단합니다. 오른쪽 하단에 있는 ⊕ 아이콘을 탭한 후 [업로드]를 탭하면 원하는 사진 및 동영상을 올릴 수 있습니다.

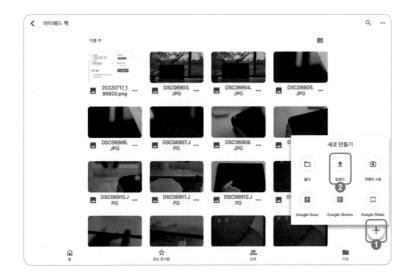

사진이나 동영상을 올리고 싶다면 [사진 및 동영상], 그 밖의 파일을 올리고 싶다면 [탐색]을 선택합니다. 이어서 파일을 선택하고 [업로드]를 탭합니다.

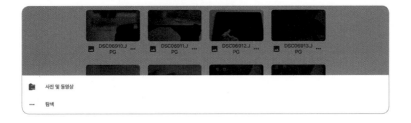

구글 포토 무료

사진, 동영상을 백업하는 용도로 손쉽게 관리할 수 있는 앱이에요. 구글 포토 역시 구글 드라이브와 마찬가지로 15GB가 무료로 제공됩니다.

오른쪽 상단에 있는 계정 아이콘을 탭한 후 [백업 사용]을 탭하면 좀 더 안전하게 사진을 보관할 수 있습니다. 이때 [저장용량 절약/원본 화질] 중 본인에게 맞는 백업 방식을 선택하면 됩니다.

계정 아이콘

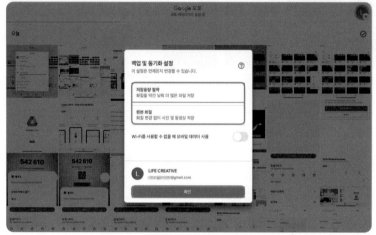

원드라이브 무료

원드라이브(OneDrive)는 마이크로소프트에서 제공하는 클라우드 서비스입니다. 저는 주로 워드, 파워포인트, 엑셀 등의 파일을 보관할 때 원드라이브를 사용해요. 프로그램에서 바로 원드라이브로 저장할 수 있고 실시간 저장도 가능하기 때문에 팀원들과의 공동 문서 작업이나
프로젝트를 진행할 때 매우 유용합니다. 무료로 5GB의 저장 공간을 제공하기 때문에 문서를 관리하기에 충분합니다.

브라우저를 1가지 종류로 지정해 사용하세요!

애플은 사파리라는 인터넷 브라우저를 통해 사용성과 편의성을 점차 증가시키고 있습니다. 하지만 안드로이드 사용자는 사파리를 사용하지 못하기 때문에 핸드오프 또는 북마크, 바로 가기 등을 함께 사용할 수 없습니다.

이럴 때는 자주 쓰는 인터넷 브라우저를 안드로이드 휴대폰과 아이패드에 공통으로 설치해 함께 써보는 걸 추천합니다.

구글 크롬, 마이크로소프트 엣지, 모질라 파이어폭스, 네이버 웨일 등 다양한 인터넷 브라우저가 안드로이드와 애플 기기를 함께 지원하고 있습니다. 따라서 운영체제가 다른 기기 간이라도 동일한 계정으로 로그인한다면 최근에 본 페이지, 장치로 보내기, 공유 등 다양한 기능을 통해 생산성을 높일 수 있습니다.

크롬　　　　엣지　　　　파이어폭스　　　웨일

메모 동기화

삼성의 노트와 애플의 메모 앱을 연동할 수 없는 점은 아쉬운 부분인데요. 대안으로 사용할 수 있는 구글 Keep 앱과 네이버 메모 앱을 소개합니다.

구글 Keep [무료]

함께 쓰면 더 좋을 메모 앱입니다. 삼성 노트나 애플 메모와의 동기화는 어렵지만, 구글 Keep 앱을 갤럭시 휴대폰과 아이패드에 설치하면 메모를 실시간으로 동기화할 수 있습니다. 어느 기기에서든 사용할 수 있고 앱뿐 아니라 웹에서도 사용할 수 있어 활용도가 좋은데요. 아쉬운 점은 아이패드에서 위젯으로 만들 수 없다는 겁니다(2024년 기준). 갤럭시 휴대폰에서는 위젯으로 만들어 홈 화면에 둘 수 있습니다.

〈구글 Keep〉
영상 보기

다음은 제 구글 Keep 첫 화면인데요. 할 일 목록을 상단에 고정해 사용하고 있습니다. 할 일의 체크 박스에 표시하면 목록에서 지워져 깔끔하게 정리할 수 있습니다.

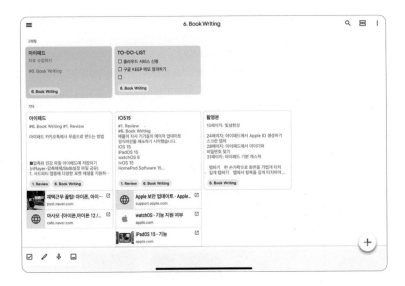

하면 된다! } 할 일 목록 만들기

구글 Keep 앱을 사용해 할 일 목록을 만들어 보겠습니다. 수행한 목록은 체크 박스에 표시해 진척도를 표시할 수 있습니다. 메모를 상단에 고정하거나 색을 설정해 중요도를 설정할 수도 있어요.

01 앱을 실행한 후 왼쪽 하단에 있는 체크 박스 ☑를 탭하세요.

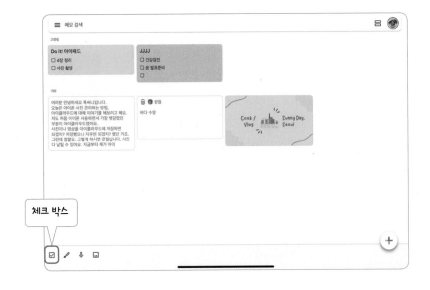

체크 박스

02 할 일을 적은 후 Enter 를 탭하면 줄 바꿈을 할 수 있습니다. 중요한 내용은 📌 아이콘을 탭해 상단에 고정합니다. 왼쪽 상단에 있는 ❮ 아이콘을 탭해 기본 화면으로 돌아가 보세요. 메모가 상단에 고정된 것을 확인할 수 있습니다.

03 메모에 색을 넣어 볼게요. 할 일 목록을 길게 누른 후 오른쪽 상단에 있는 🎨 아이콘을 탭하세요. 원하는 색을 선택해 중요도를 표시해 보세요.

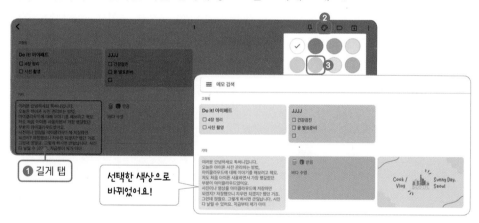

하면 된다! } 라벨로 메모 구분하기

저는 구글 Keep 앱을 열어 하루 중에도 생각나는 것들을 지속적으로 메모하는데요. 그러다 보니 메모 상태가 뒤죽박죽이 돼 버리기 일쑤입니다. 그래서 라벨을 만들어 두고 저녁 즈음 라벨에 맞게 분류해 차곡차곡 정리하고 있답니다. Keep 메모의 기본 화면은 내일을 위해 다시 깨끗하게 비워 두세요!

01 새 라벨 만들기

[라벨 생성/수정]을 탭하세요.

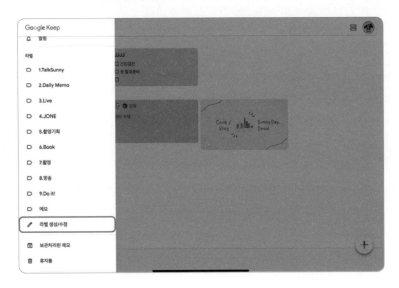

02 [새 라벨 만들기]를 탭하세요.

한 번 라벨을 생성하면 위치 이동이 어렵기 때문에 앞에 숫자를 붙이면 좋습니다. 숫자
대로 정렬되기 때문이에요. 이후 앞의 숫자만 바꿔 주면 라벨을 쉽게 상하로 이동할 수
있습니다.

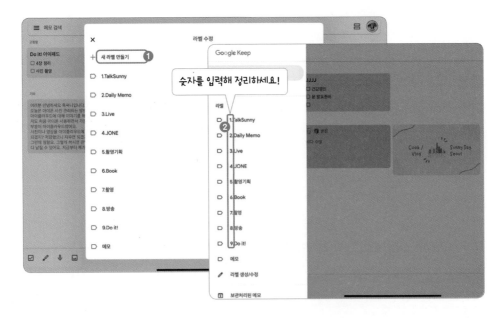

03   해시태그로 라벨 설정하기

메모에서 #(해시태그)를 입력하면 다음과 같이 라벨 목록이 나타납니다. 원하는 라벨을
선택하면 해당 라벨로 메모가 들어가요.

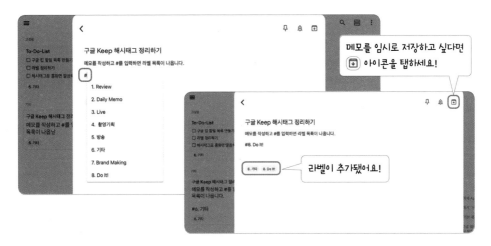

메모를 임시로 저장하고 싶다면
아이콘을 탭하세요!

라벨이 추가됐어요!

네이버 메모   무료

네이버 메모는 전반적으로 심플한 디자인을 하고 있습니다. 중요 메모,
사진 메모, 담은 링크, 알람 메모라는 카테고리로 분류되어 있는데요.
그중 알람 메모는 지정한 시간에 메모를 띄워 줍니다. 절대 놓치면 안
되는 일들은 알람 메모에 적어 두면 좋겠죠?

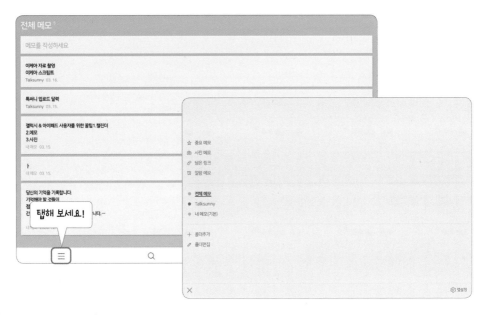

탭해 보세요!

[앱설정 → 테마설정]에서 카드 리스트, 카드 타일, 심플 중 원하는 테마를 선택할 수 있습니다.

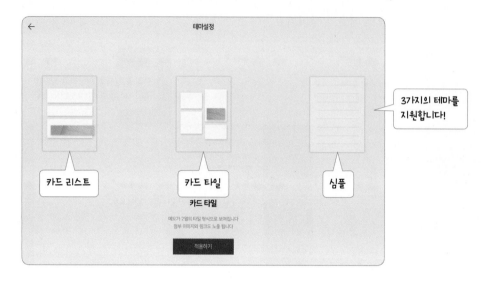

하면 된다! } 네이버 메모 잠금 설정하기

네이버 메모에 잠금 설정을 하면 보안 유지에 좀 더 신경 쓸 수 있습니다. 네이버 메모 앱에 잠금 설정을 해볼까요?

01 왼쪽 하단의 ☰ 아이콘을 탭한 후 [앱설정]을 탭합니다.

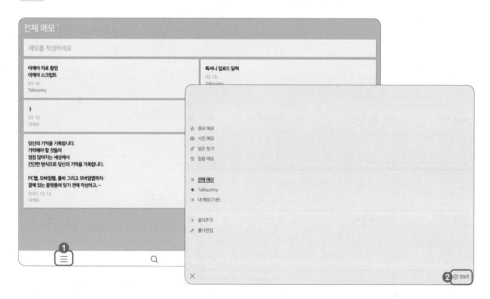

02 [잠금설정]을 탭한 후 암호를 입력하세요.

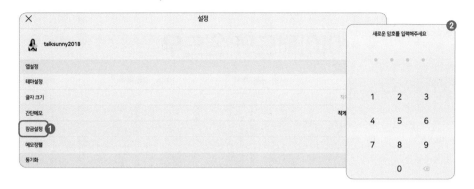

03 [앱 실행 잠금]의 자물쇠 아이콘 🔒을 탭하세요.

메모를 열 때마다 비밀번호 입력 화면이 나타납니다.

잠금을 활성화하세요!

05-3

아이패드와 윈도우

서버 연결해 폴더 공유하기

"아이패드와 윈도우를 연결해 자유롭게 파일을 전송할 수 있는 방법이 없을까요?"
윈도우 PC에서 SMB(server message block)를 활성화하면 해당 윈도우 PC에서 공유
한 폴더를 아이패드에서 열어 볼 수 있습니다. "그럼 누구나 제 윈도우 PC를 볼 수 있
는 건가요? 보안은 어쩌죠?"라는 생각이 들겠지만, 걱정하지 마세요. 해당 폴더를 보려
면 반드시 같은 와이파이를 공유해야 하고 PC 고유의 아이디와 비밀번호를 아이패드
에 입력해야 하니까요!

윈도우 PC의 SMB를 활성화하고 PC의 서버와 계정 정보를 아이패드에 입력해 아이패
드와 PC를 연결해 보겠습니다.

PC의 환경에 따라 서버 연결에 어려움을 겪
을 경우, 뒤에서 소개하는 아이클라우드 또
는 구글 드라이브의 사
용을 권장합니다.

윈도우 PC에 있는 폴더를 아이
패드에서 그대로 볼 수 있어요!

하면 된다! } 윈도우 PC에 SMB 활성화하기

아이패드와 윈도우 PC의 서버를 연결하기 위해 일단 PC에 접근할 수 있도록 설정해 볼게요.

01 IPv4 주소 확인하기

PC에서 아이패드와 동일한 와이파이 망에 접속한 후 [윈도우 → 설정 → 네트워크 및 인터넷]을 클릭합니다.

02 상태 창에서 [속성]을 클릭합니다. IPv4 주소를 확인하고 따로 메모하세요. 아이패드 또는 아이폰의 파일 앱에서 서버에 연결할 때 필요합니다.

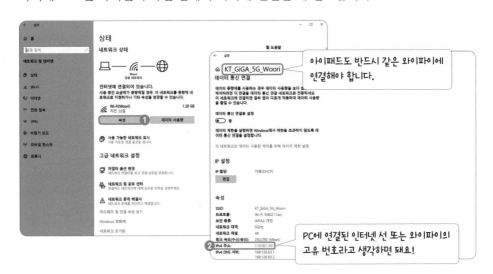

톡써니의 톡톡 꿀팁!

명령 프롬프트에서 손쉽게 IPv4 주소를 확인할 수 있어요!

1. 윈도우 검색 창에 cmd를 입력한 후 명령 프롬프트 앱의 [열기]를 클릭합니다.

2. 명령 프롬프트에 ipconfig를 입력하면 IPv4 주소를 확인할 수 있습니다.

03 공유 옵션 설정하기

IP 주소를 확인했으면 네트워크 프로필은 [개인]을 선택합니다.

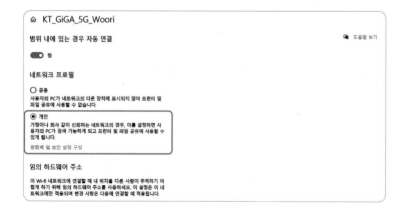

04 [네트워크 및 공유 센터]를 클릭한 후 [고급 공유 설정 변경]을 클릭합니다.

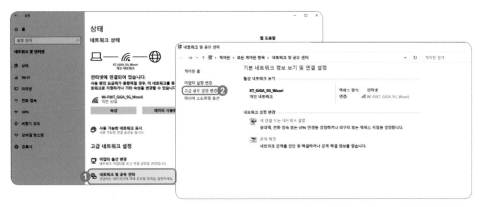

🍎 윈도우 11 사용자는 제어판을 열어 [네트워크 및 인터넷 → 네트워크 및 공유 센터]를 클릭한 후 [고급 공유 설정 변경]을 클릭하세요.

05 각 항목에서 [네트워크 검색 켜기]와 [파일 및 프린터 공유 켜기]를 선택합니다. 마우스를 아래로 스크롤해 [모든 네트워크]에서 [암호 보호 공유 켜기]를 선택한 후 [변경 내용 저장]을 클릭합니다. 윈도우 PC의 SMB 설정을 마쳤습니다.

하면 된다! } 아이패드와 윈도우 PC 연결하기

방금 전에 PC의 IPv4 주소를 확인했었죠? IPv4 주소를 아이패드에 입력하면 두 기기가 연결되면서 폴더를 공유합니다.

01 아이패드에서 파일 앱을 실행한 후 [나의 iPad]를 탭합니다.
⊙ 아이콘을 탭해 [서버에 연결]을 탭합니다.

> 셀룰러 모델인 경우에도 PC와 동일한 와이파이로 연결해야 합니다!

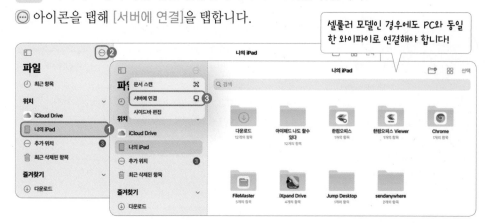

02 메모했던 IPv4 주소를 서버에 입력합니다. [등록 사용자]를 선택한 후 윈도우에
로그인한 아이디와 암호를 입력합니다. [다음]을 탭하세요.

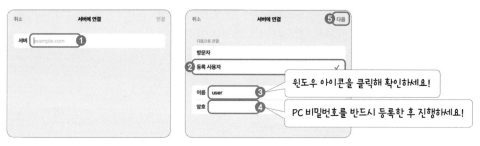

> 윈도우 아이콘을 클릭해 확인하세요!

> PC 비밀번호를 반드시 등록한 후 진행하세요!

 윈도우 11 버전을 사용한다면 마이크로소프트 계정을 입력하세요!

03 파일 앱의 [공유됨]에 윈도우 PC의 IP 주소가 등록된 것을 볼 수 있습니다.

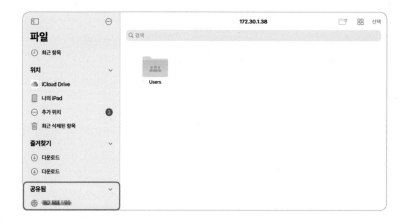

04 [내 PC → 로컬 디스크 (C:) → 사용자(Users) → PC 이름]에서 새 폴더를 생성한 후 마우스 오른쪽 버튼을 눌러 [속성]을 선택합니다.

[공유] 탭을 클릭한 후 [네트워크 파일 및 폴더 공유]에서 [공유]를 클릭합니다.

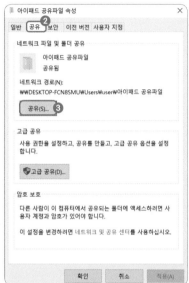

05 새로 나타나는 창에서 다시 [공유]를 클릭한 후 [완료]를 클릭합니다.

06 [일반] 탭을 클릭한 후 [특성]에서 [읽기 전용]을 해제하고 [적용]을 클릭합니다. 특성 변경 확인 창에서 [이 폴더, 하위 폴더 및 파일에 변경 사항 적용]을 선택하고 [확인]을 클릭합니다. 이제 이 폴더를 통해 각종 파일을 공유할 수 있습니다.

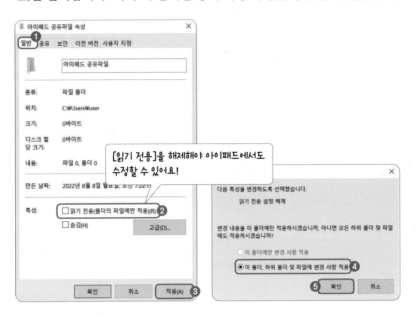

07 만든 폴더에 윈도우 PC에서 작업한 파일을 넣으면 아이패드 파일 앱에서 확인할 수 있습니다. 윈도우 PC의 '아이패드 공유파일' 폴더와 아이패드 파일 앱 내의 '아이패드 공유파일' 폴더가 공유됩니다.

아이클라우드 연동하기

서버 연결에 실패했나요? 걱정 마세요! 아이클라우드를 이용해도 충분히 아이패드와 윈도우 PC를 연동할 수 있습니다. 아이패드에서 찍은 사진이 아이클라우드에 저장되면 윈도우 PC의 아이클라우드 사진 폴더에서 바로 확인할 수 있고, PC의 아이클라우드 사진 폴더에 사진을 넣으면 아이클라우드를 사용하는 모든 기기에서 해당 사진을 확인할 수 있습니다.

하면 된다! } 아이클라우드로 파일 주고받기

아이클라우드 앱을 PC에 설치하면 [iCloud Drive] 폴더와 [iCloud 사진] 폴더가 자동으로 생성됩니다. [iCloud Drive → Downloads] 폴더에 넣은 파일은 아이패드의 파일 앱, [iCloud 사진] 폴더에 넣은 파일은 아이패드의 사진 앱에서 확인할 수 있어요. 윈도우 PC와 아이패드 간에 편리하게 파일을 주고받을 수 있는 아이클라우드를 사용해 볼까요?

01 PC에 아이클라우드 설치하기

마이크로소프트 스토어 앱에서 iCloud를 검색한 후 윈도우용 아이클라우드를 다운로드합니다. 컴퓨터를 재부팅합니다.

🍎 윈도우 10보다 하위 버전의 PC를 사용하고 있다면 애플 공식 홈페이지에서 아이클라우드를 다운로드하세요(support.apple.com/ko-kr/HT204283)!

02 아이패드에서 사용하는 애플 계정으로 아이클라우드에 로그인하면 아이클라우드 관리 창이 나타납니다. 다음과 같이 체크 표시돼 있는지 확인한 후 [적용]을 클릭합니다.

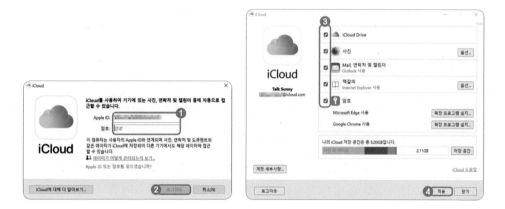

03 메일을 위해 아웃룩 설정을 하세요. [완료]를 클릭해 설정을 완료합니다.

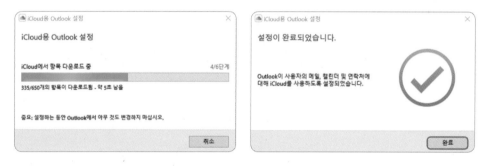

04 윈도우 탐색 창에 [iCloud Drive]와 [iCloud 사진] 폴더가 생성됩니다.

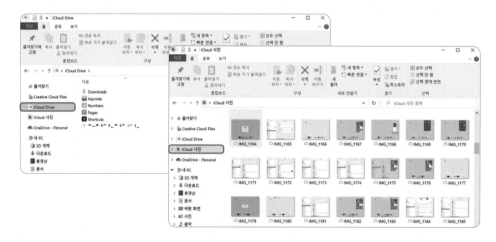

05 [iCloud 사진] 폴더에 사진 및 영상을 넣으면 PC에 저장돼 있는 사진을 아이패드로 손쉽게 전송할 수 있습니다. [iCloud 사진] 폴더에 업로드한 파일을 아이패드의 사진 앱에서 확인할 수 있습니다.

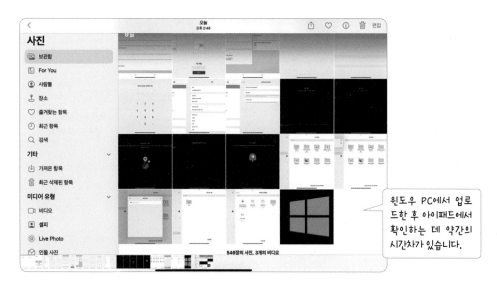

윈도우 PC에서 업로드한 후 아이패드에서 확인하는 데 약간의 시간차가 있습니다.

06 [iCloud Drive → Downloads] 폴더를 활용해 자료를 업로드할 수 있습니다. 윈도우 PC에서 파일을 해당 위치로 이동하면 아이패드를 비롯해 해당 아이클라우드 계정을 공유하는 기기에서 파일을 함께 열어 볼 수 있습니다.

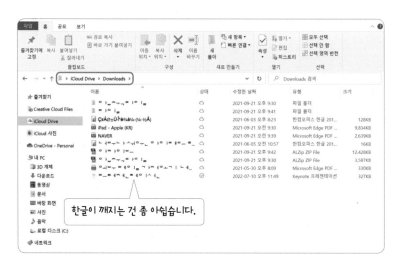

한글이 깨지는 건 좀 아쉽습니다.

07 아이클라우드 웹 버전 활용하기

앱을 설치하지 않고 웹 버전으로도 아이클라우드를 사용할 수 있는데요.
PC 인터넷 주소창에 icloud.com을 입력하면 웹 버전의 아이클라우드가 열립니다.
애플 계정으로 로그인하고 [사진]을 클릭하세요.

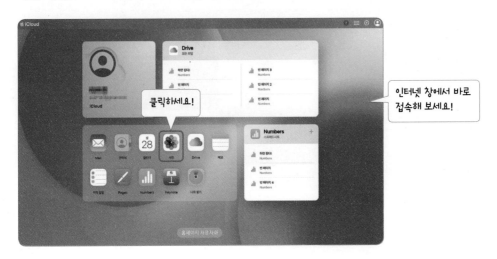

08 오른쪽 상단에 있는 업로드 아이콘 ⏫을 클릭하면 파일을 아이클라우드에 업로
드할 수 있습니다. 탐색 창이 열리면 원하는 파일을 선택한 후 [열기]를 클릭합니다.

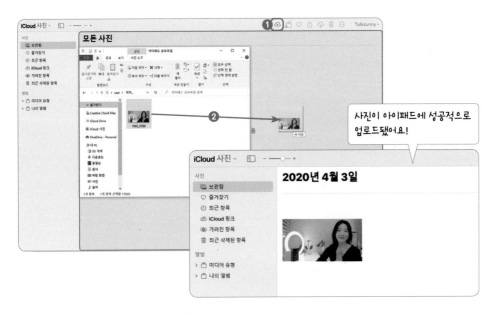

06

상황별 문제 해결하기

 전자 기기를 사용하다 보면 종종 예기치 못한 상황이 일어날 때가 있죠? 실제로 기기 자체의 문제일 수도 있고 기기의 사용법을 충분히 파악하지 못했기 때문일 수도 있습니다.

이번 장에서는 아이패드를 사용하면서 겪을 수 있는 문제 상황에 대처하는 방법을 알아보겠습니다.

이제 웬만한 문제는 혼자서도 해결할 수 있을 거예요!

06-1 ★ 전원이 꺼지지 않아요

06-2 ★ 아이패드를 초기화하고 싶어요

06-3 ★ 아이패드를 복원하고 싶어요

06-4 ★ 기기를 잃어버렸어요

06-5 ★ 아이패드 저장 공간이 부족하대요

06-6 ★ 알아 두면 쓸모 있는 6가지 문제 해결법

06-1

전원이 꺼지지 않아요

아이패드가 멈췄어요!

아이패드의 화면이 멈춰 작동하지 않을 때는 어떻게 하면 좋을까요? PC의 경우 전원 버튼을 꾹 눌러 강제 종료를 하기도 하는데요. 아이패드의 전원 버튼을 아무리 눌러도 꺼지지 않는다면 다음의 방법을 참고하세요.

하면 된다! } 홈 버튼이 없는 아이패드 강제 종료하기

음량 버튼과 전원 버튼만으로 강제 종료하는 방법을 알아보겠습니다.

01 음량(+) 버튼과 음량(-) 버튼을 순서대로 빠르게 누르세요.

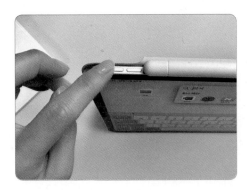 

02 전원 버튼을 길게 누릅니다. 재부팅을 의미하는 애플 로고가 나타나면 버튼에서 손을 뗍니다.

시간이 다소 걸릴 수 있어요!

하면 된다! } 홈 버튼이 있는 아이패드 강제 종료하기

이번에는 홈 버튼이 있는 아이패드를 강제로 종료해 볼게요.

01 홈 버튼을 누릅니다.

02 애플 로고가 표시될 때까지 전원 버튼 또는 음량 버튼을 길게 누릅니다.

앱 실행 속도가 느려졌거나 버벅인다면 앱을 꺼주세요!

속도 저하의 원인이 현재 열려 있는 앱이 너무 많아서일 수도 있어요. 아이패드의 홈 바를 아래에서 위로 스와이프해 주세요. 현재 열려 있는 창이 나타납니다. 사용하지 않는 앱을 위로 스와이프해 앱을 꺼주세요. 아이패드가 스스로 처리해야 하는 일이 줄어들어 이전보다 빠른 속도로 사용할 수 있습니다.

〈앱 종료하기〉
영상 보기

끄고자 하는 창을 위로
스와이프해 보세요!

홈 바를 위로 스와이프하면
열려 있는 창을 볼 수 있어요!

전원이 켜지지 않을 때는 어떻게 해야 하나요?

전원이 켜지지 않을 때는 강제로 재시동하는 방법을 시도해 보세요. 전원을 끌 때와 마찬가지로 Face ID 기능 유무에 따라 방법이 다른데, Face ID 기능이 있는 아이패드는 음량(+) 버튼을 짧게 누른 다음 음량(-) 버튼을 짧게 누르고, 상단 버튼을 길게 누르면 애플 로고가 나타납니다. Face ID 기능이 없는 아이패드는 상단 버튼과 홈 버튼을 동시에 누르면 애플 로고가 나타납니다.

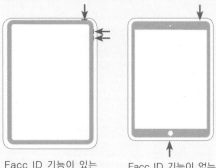

Facc ID 기능이 있는
아이패드 전원 켜기

Facc ID 기능이 없는
아이패드 전원 켜기

06-2

아이패드를 초기화하고 싶어요

기기를 새로 산 것처럼 초기화하고 싶어요

기기 초기화를 하고 중고 거래를 했는데 구매자가 갑자기 애플 아이디와 비밀번호를 요구하던가요? 아마 기기가 완전히 초기화되지 않아 로그인 없이는 기기를 사용할 수 없는 경우일 거예요. 아이패드에 들어 있는 데이터를 반드시 백업한 후 초기화를 진행해 주세요.

하면 된다! } 아이튠즈로 미리 백업하기

아이튠즈는 기본적으로는 애플의 음악 앱이지만, 사진, 영상 등을 백업하는 데에도 유용하게 사용됩니다. 사용하고 있는 PC가 윈도우라면 아이튠즈가 굉장히 유용합니다.

01 아이튠즈 다운로드하기

PC에 아이튠즈 앱을 다운로드하고 PC와 아이패드를 유선 케이블로 연결합니다. PC에 '이 컴퓨터가 이 iPad에 있는 정보에 연결하는 것을 허용하겠습니까?' 팝업 창이 나타나면 [계속]을 클릭합니다.

맥에는 이미 설치돼 있으니 열기만 하면 됩니다!

02 아이패드에 '이 컴퓨터를 신뢰하겠습니까?'라는 팝업 창이 나타나면 [신뢰]를 탭합니다. 아이패드와 PC가 연결됩니다.

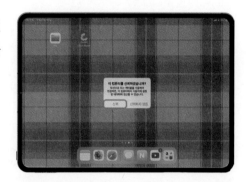

03 PC의 아이튠즈 앱에서 [보관함]을 클릭한 후 ⬚ 아이콘을 클릭합니다.

04 [지금 백업]을 클릭해 아이튠즈로의 백업을 완료합니다.

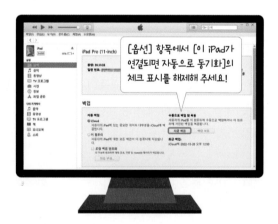

[옵션] 항목에서 [이 iPad가 연결되면 자동으로 동기화]의 체크 표시를 해제해 주세요!

하면 된다! } 아이클라우드 목록에서 기기 지우기

초기화해 다른 사람에게 아이패드를 넘길 생각이라면 아이클라우드에 올라가 있는 문서, 사진 등의 파일이 동기화되어 다시 아이패드에 저장되면 안 되겠죠? 먼저 아이클라우드 목록에서 해당 아이패드를 지워 보겠습니다.

01 아이패드에서 [설정 → Apple ID → 나의 찾기 → 나의 iPad 찾기]를 탭한 후 [나의 iPad 찾기]의 토글 버튼을 비활성화합니다. [< Apple ID]를 탭해 이전 화면으로 돌아갑니다.

02 아래쪽으로 스와이프한 후 [로그아웃]을 탭해 애플 아이디를 로그아웃합니다.

03 다른 애플 기기(여기서는 아이폰)에서 [설정 → Apple ID]에 들어간 후 초기화할 기기를 선택합니다. [계정에서 삭제]를 탭합니다.

04 다른 애플 기기가 없다면 아이클라우드 웹 사이트에서 기기 목록을 지울 수 있습니다. PC에서 아이클라우드 사이트(icloud.com)에 접속해 로그인한 후 [Apple ID 관리]를 클릭합니다.

윈도우 PC에서도
가능합니다!

05 [기기] 탭을 선택한 후 초기화할 기기를 선택하고 [계정에서 삭제]를 클릭한 후 [완료]를 클릭합니다.

아이패드 초기화하기

[설정 → 일반 → 전송 또는 iPad 재설정]을 탭한 후 [모든 콘텐츠 및 설정 지우기]를 탭합니다. 아이패드를 처음 구입한 것처럼 초기화됩니다.

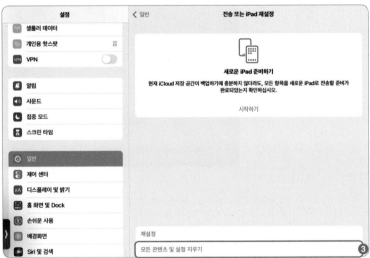

06-3

아이패드를 복원하고 싶어요

비밀번호를 여러 번 틀려 아이패드가 잠겼어요!

지문이나 Face ID로 잠금 해제를 하다
보니 기존에 설정했던 비밀번호를 잊어
버리는 경우가 있습니다. 저도 예전에
사용하던 아이패드를 오랜만에 열었다
가 비밀번호를 잊어버려 당황했던 적이
있는데요. 잘못된 암호를 너무 많이 입
력했더니 아이패드를 사용할 수 없다는
메시지가 나타났습니다.

아이패드의 비밀번호를 모르면 내부를 열어볼 수 없기 때문에 초기화도 어떻게 해야
할지 참 난감한데요. 컴퓨터와 아이패드를 연결하면 초기화된 아이패드를 재설정할 수
있습니다. 이때 아이패드에 저장된 정보가 백업되어 있다면 데이터와 설정을 복원할
수 있지만, 그렇지 않은 경우 아이패드의 데이터를 복원할 수 있는 방법이 없습니다.

하면 된다! } 홈 버튼이 없는 아이패드 복원하기

아이패드가 백업되어 있다는 가정하에 홈 버튼이 없는 아이패드의 정보를 복원해 보겠
습니다.

01 아이패드의 전원 버튼과 음량(+) 버튼을 동시에 길게 누릅니다.
화면에 [밀어서 전원 끄기] 슬라이드가 나타나면 스와이프해 아이패드의 전원을 끕니다.

02 전원 버튼을 누른 상태에서 케이블을 사용해 아이패드와 컴퓨터를 연결합니다.

03 PC에 복구 모드 화면이 나올 때까지 아이패드의 전원 버튼을 계속 누르다가 [복원]을 클릭합니다.

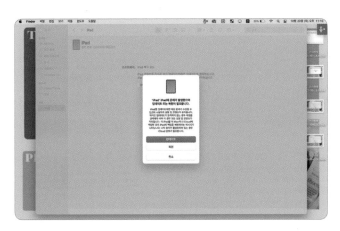 

하면 된다! } 홈 버튼이 있는 아이패드 복원하기

이번에는 아이패드에 홈 버튼이 있는 경우 어떻게 복원하는지 알아볼게요.

01 전원 버튼을 길게 누릅니다. 화면에 [밀어서 전원 끄기] 슬라이드가 나타나면 스와이프해 아이패드의 전원을 끕니다.

02 홈 버튼을 누른 상태로 아이패드를 컴퓨터에 연결합니다.

03 PC에 복구 모드 화면이 나올 때까지 아이패드의 홈 버튼을 계속 누르다가 [복원]을 클릭합니다.

06-4

기기를 잃어버렸어요

아이패드를 분실했을 때 어떻게 해야 할까요? 우리나라는 아직 기기의 위치 추적 및 표시를 지원하고 있지 않습니다. 아쉽지만 분실 모드를 통해 최소한의 개인 정보 유출을 막고 사운드 재생을 통해 분실 위치를 대략적으로 추적하는 수밖에 없어요. 사운드 역시 기기에서 나는 것이기 때문에 분실 위치 주변에 있을 경우에만 인지할 수 있습니다.

하면 된다! } 아이클라우드로 아이패드 찾기

아이패드가 어디 갔는지 도통 보이지 않을 때 아이클라우드에서 찾기 기능을 활성화하면 아이패드에서 소리가 나게 할 수 있습니다. 아이맥(맥북)과 윈도우 PC 모두에서 사용할 수 있습니다.

01 PC에서 아이클라우드에 로그인해 [나의 찾기]를 클릭합니다.

아이폰, 아이패드, 맥 모두 [나의 찾기]를 선택하면 됩니다!

02 [모든 기기]를 클릭하면 나타나는 기기 목록에서 찾고자 하는 기기를 선택합니다.

03 [사운드 재생]을 클릭하면 아이패드에서 알림음이 울립니다.

04 [분실 모드]를 클릭하면 해당 기기에 메시지를 전송할 수 있습니다. 아이패드 화면에 이 iPad는 분실되었습니다. 연락주십시오.라는 메시지가 나타납니다.

05 분실한 아이패드를 찾은 경우 비밀번호나 터치/지문 인식으로 잠금 해제해야 하며, 자동으로 분실 모드가 해제됩니다.

06 재로그인 요청과 이중 인증 보안을 진행하면 아이패드를 정상적으로 사용할 수 있습니다.

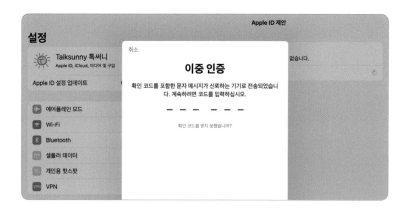

하면 된다! } 아이패드로 다른 애플 기기 찾기

반대로 아이패드의 나의 찾기 앱을 사용해 분실한 애플 기기의 위치를 확인할 수 있습니다. 이때 반드시 분실 기기도 나의 찾기 기능이 활성화돼 있어야 합니다.

01 아이패드에서 나의 찾기 앱을 엽니다. 분실한 기기에 [나의 찾기] 기능이 활성화돼 있다면 기기 목록에 검색됩니다. 기기 목록에서 해당 기기를 선택하세요.

02 [사운드 재생]을 탭하면 원격으로 소리를 재생할 수 있으며, 분실 모드로 전환됩니다.

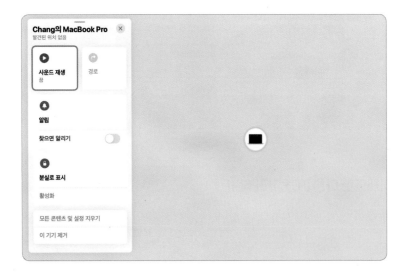

기기 분실을 대비해 [나의 찾기]를 활성화하세요!

기기 분실의 우려를 최소화하기 위해 아이패드에서 [나의 찾기]를 활성화하세요. 혹시라도 분실했을 때를 대비해 아이클라우드 또는 다른 애플 제품을 활용해 제품 분실 등록을 할 수 있습니다.

1. [설정 → Apple ID → 나의 찾기]를 탭합니다.

2. [나의 iPad 찾기]를 탭한 후 3가지 항목을 모두 활성화하세요.

06-5

아이패드 저장 공간이 부족하대요

아이패드 용량 확인하기

02-6절에서 아이클라우드에 대해 알아본 것, 기억하나요? 아이클라우드는 동기화 방식이기 때문에 데이터가 아이클라우드에 올라갔다 해도 아이패드에서 삭제하면 안 된다는 이야기를 했습니다. 아이패드에서 삭제하면 아이클라우드에서도 지워지기 때문이죠.

그런데 이렇게 쌓이다가 어느 순간 아이패드의 용량이 가득 차 버리면 새로운 영상과 파일을 다운로드하는 것이 어려워집니다. 지속적으로 정리를 하거나 꾸준하게 관리할 수 있는 방법을 찾아야 하는데요. 자, 먼저 여러분의 아이패드 저장 공간을 함께 볼게요.

[설정 → 일반 → iPad 저장 공간]을 탭하면 어떤 데이터가 아이패드의 공간을 얼마나 차지하고 있는지 알 수 있어요.

하면 된다! } 자주 사용하지 않는 앱 정리하기

저장 공간이 꽉 차 있는 상태라면 당장 아이패드 정리를 해야겠죠? 용량이 표시된 막대바를 보면 앱, 사진 등의 순으로 용량을 차지하고 있는 것을 볼 수 있습니다.
저장 공간을 확인한 후 아래로 스와이프하면 앱 목록을 확인할 수 있습니다. 앞으로 사용하지 않을 것 같은 앱을 정리해 보겠습니다.

01　앱을 선택하고 [앱 삭제]를 탭합니다.

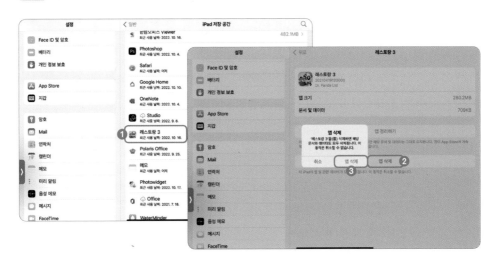

02　특히 아이패드에서 카카오톡을 사용하면 카카오톡 데이터가 정말 많이 쌓이는데요. 카카오톡에서 주고받아 쌓여 있는 사진과 동영상, 캐시를 정리하기만 해도 앱의 용량이 크게 줄어듭니다.
채팅 창에 들어가 오른쪽 상단의 ☰ 아이콘을 탭한 후 오른쪽 하단에 있는 ⚙ 아이콘을 탭하세요.

03　[채팅방 데이터 관리]에서 [사진 데이터 삭제]와 [동영상 데이터 삭제]를 탭합니다. 대화 내용은 그대로 남겨두고 사진과 동영상만 삭제하는 방법으로, 카카오톡에 저장된 데이터가 상당히 많이 줄어들어 용량을 확보하는 데 효과적입니다.

채팅방 데이터 관리	
대화 내용 및 미디어 모두 삭제	
미디어 데이터 전체 삭제	0MB
사진 데이터 삭제	0MB
동영상 데이터 삭제	0MB
음성 데이터 삭제	0MB
파일 데이터 삭제	0MB

하면 된다! } 구글 포토로 사진 정리하기

두 번째로 용량을 많이 차지했던 사진을 정리하겠습니다. 차곡차곡 보관할 사진은 네이버 마이박스나 구글 드라이브 등으로 옮겨 주고 아이패드 내에서는 삭제합니다. 특히 작은 용량의 아이패드를 사용한다면 사진은 드라이브에 따로 보관할 것을 적극 추천합니다. 여기서는 구글 포토로 사진을 정리해 보겠습니다.

01 구글 포토 앱을 연 후 동기화 아이콘을 탭합니다.
[여유 공간 확보]를 탭하면 구글 포토 앱에 저장된 아이패드 내 사진이 삭제됩니다.

탭하면 동기화가 시작됩니다!

업로드된 사진은 아이패드에서 삭제돼요!

02 [항목 N개를 삭제하시겠습니까?]를 탭한 후 [삭제]를 탭합니다.

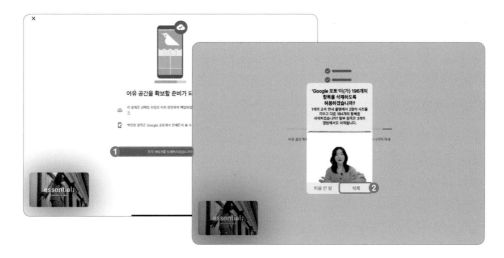

03 '최근 삭제된 항목' 앨범의 [비우기]를 탭한 후 [이 iPad에서 삭제]를 탭하세요.

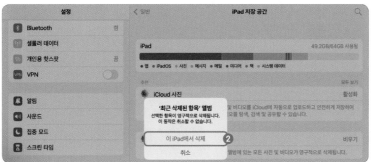

시스템 데이터 정리하기

아이패드를 사용하면 기본적으로 시스템 데이터가 쌓입니다. 앱의 캐시나 기기 내 데이터가 쌓인 것으로, 앱을 구동하거나 웹 사이트를 검색하면 유동적으로 계속 늘어났다가 줄어듭니다. 전부 삭제할 수는 없어도 조금씩이라도 정리해 주는 것이 좋아요.

사파리 방문·검색 기록 삭제하기

[설정 → Safari → 방문 기록 및 웹 사이트 데이터 지우기]를 탭해 사파리의 방문 기록과 검색 기록을 삭제할 수 있습니다.

각종 시청기록 삭제하기

넷플릭스, 웨이브, 유튜브 뮤직, 애플 뮤직 등에서 미디어를 재생하면 시청기록이 저장됩니다. 해당 기록들을 주기적으로 지우면 시스템 데이터를 최소한으로 유지할 수 있습니다.

예를 들어 웨이브 앱을 열어 시청기록을 지워 볼게요. [MY → 시청내역]에서 시청기록을 전체삭제합니다.

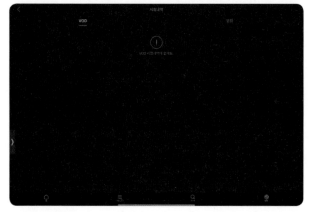

지우고 나니 시스템 데이터가 대략 300MB나 줄어들었네요.

다른 앱에서도 마찬가지로 시청기록을 정리해 쌓여 있는 시스템 데이터를 줄여 보세요!

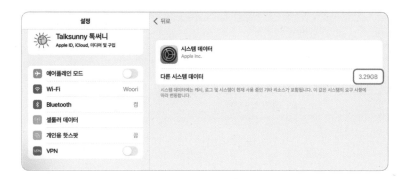

06-6

알아 두면 쓸모 있는 6가지 문제 해결법

첨부 파일이 열리지 않아요! — 압축 해제

메일로 업무를 할 때 쉽게 전송하기 위해 대용량 파일을 압축해 보내거나 받는 경우가 있습니다. 아이패드 자체에서 압축을 풀어 파일을 확인해 볼게요!

하면 된다! } 다운로드한 파일 압축 해제하기

파일 앱을 사용해 대부분의 파일 형식을 압축 해제할 수 있습니다.

01 아이패드에서 메일 등으로 받은 첨부 파일을 다운로드합니다.

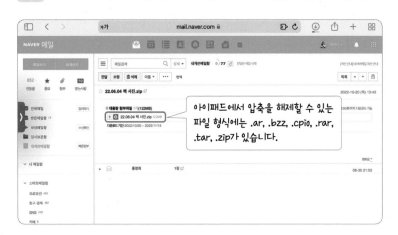

> 아이패드에서 압축을 해제할 수 있는 파일 형식에는 .ar, .bzz, .cpio, .rar, .tar, .zip가 있습니다.

02 다운로드가 완료되면 사파리 오른쪽 상단에 있는 [다운로드 항목]에 파일이 표시됩니다. 돋보기 아이콘 ⊕을 탭합니다.

파일 앱이 열려요!

03 파일 앱이 열렸나요? [다운로드]에 있는 압축 파일을 탭하면 압축이 자동으로 해제됩니다.

.egg 형식의 알집 압축 파일은 아이집(iZip) 앱을 사용해야 합니다!

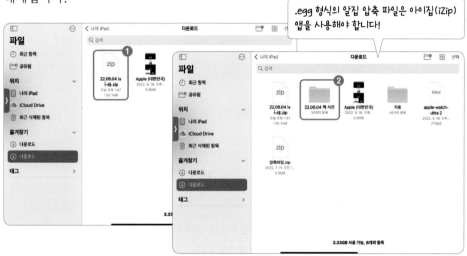

톡써니의
**톡톡
꿀팁!**

도큐먼트 앱으로 문서 관리까지!

파일 앱 대신 도큐먼트 앱을 사용하면 폴더를 활용할 수 있어
파일 관리에도 효과적입니다. 한글이 깨지지 않는다는 장점
이 있어 파일명을 수정해야 하는 번거로움도 덜 수 있습니다.

톡써니의
톡톡 꿀팁!

여러 개의 파일을 하나로 압축하고 싶어요!

아이패드에서 파일을 압축하는 것도 가능합니다. 메일이나 메신저로 파일을 보낼 때 한 번에 보내기 용이하답니다. 따라해 보세요!

1. 오른쪽 상단에 있는 [선택]을 탭합니다. 압축할 파일을 선택한 후 [더 보기 → 압축]을 탭합니다.

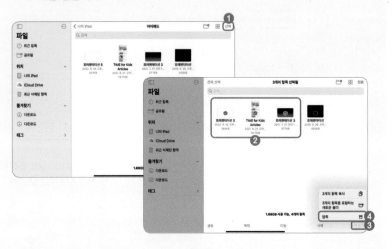

2. '아카이브.zip' 파일이 생성된 것을 확인할 수 있습니다.

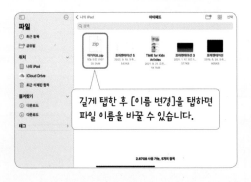

길게 탭한 후 [이름 변경]을 탭하면 파일 이름을 바꿀 수 있습니다.

애플 펜슬이 제대로 작동하지 않아요

애플 펜슬을 사용하다 보면 관련 오류가 종종 발생합니다. 애플 펜슬을 제대로 작동시키기 위해 몇 가지를 테스트해 보는 걸 추천합니다.

먼저 애플 펜슬의 펜촉을 살펴볼게요. 애플 펜슬의 펜촉이 끝까지 닫혀 있나요? 펜촉이 헐거워지지는 않았는지, 펜촉의 마모가 심하지 않은지도 확인합니다. 펜촉은 소모품이기 때문에 마모 상태를 확인한 후 교체하는 것이 좋습니다.

하면 된다! } 애플 펜슬 페어링 제대로 하기

애플 펜슬 자체에 문제가 없다면 아이패드와 애플 펜슬의 페어링이 제대로 되고 있지 않을 수도 있습니다. 페어링을 끊었다가 다시 해볼게요.

01 [설정 → Bluetooth]에서 [Bluetooth]의 토글 버튼을 비활성화했다가 활성화합니다.

02 [Apple Pencil ⓘ → 이 기기 지우기]를 탭해 애플 펜슬을 블루투스 목록에서 삭제합니다.

03 애플 펜슬을 충전하면 다시 페어
링됩니다.

충전하면 자동으로 페어링됩니다!

톡써니의
**톡톡
꿀팁!**

애플 펜슬로 선을 그었는데 선이 자꾸 끊겨요!

다양한 원인으로 인해 선이 튀는 현상이 발생할 수 있습니다. 다음의 5가지를
먼저 따라해 보세요.

1. 충전 중 전류로 인해 선이 튈 수 있습니다. 아이패드와 연결된 충전기를 빼고
   사용해 보세요.
2. [설정 → 손쉬운 사용 → 확대/축소]에서 [확대/축소]의 토글 버튼을 비활성
   화해 보세요.

3. 아이패드를 껐다 켜보세요. 아이패드와 애플 펜슬의 연결이 오래 지속돼 입
   력 오류가 생길 수 있습니다.
4. 동일한 앱에서만 오류가 발생한다면 해당 앱을 삭제한 후 다시 설치해 보세요.
5. 액정 보호 필름의 문제는 아닌지 확인할 필요도 있습니다. 보호 필름을 제거
   하고 다시 테스트해 보세요.

원인을 발견하지 못했다면 애플 펜슬 하드웨어 자체의 문제일 수 있습니다. 센
터에 방문해 아이패드와 다른 애플 펜슬로 테스트해 보세요. 다른 애플 펜슬과
도 동일한 문제가 발생한다면 아이패드의 문제일 수도 있겠죠? 애플 공식 스토
어에서 도움을 받는 것을 추천합니다.

자꾸 [실행 취소/실행 복귀] 창이 나타나요

흔들어서 실행 취소 기능은 아이폰에서는 유용할 수 있지만 아이패드에서는 추천하고
싶지 않아요. 글씨를 편하게 쓰려고 아이패드를 움직였더니 글씨가 지워지거나 [실행
취소/실행 복귀] 창이 나타나는 불편함을 겪을 수 있기 때문입니다.
[설정 → 손쉬운 사용 → 터치]를 탭한 후 [흔들어서 실행 취소]의 토글 버튼을 비활성
화해 기능을 해제하세요.

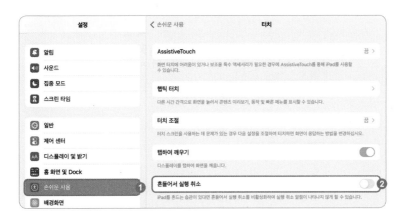

키보드 설정이 이상하게 바뀌었어요

아이패드 키보드 형태에는 화면을 꽉 채운 형태와 유동식이 있습니다.
오른쪽 하단에 있는 키보드 아이콘 ▦을 길게 탭하면 [유동식]이라는 옵션이 나타나는
데, 이때 [유동식]을 탭하면 키보드가 작아집니다.

유동식 키보드로 변경되면 하단의 바를 드래그해 키보드를 움직일 수 있습니다.

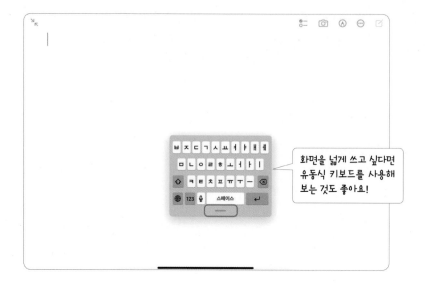

다시 화면을 가득 채운 키보드로 변경하려면 두 손가락을 유동식 키보드에 대고 화살표 방향으로 늘려 주세요. 원래대로 돌아옵니다.

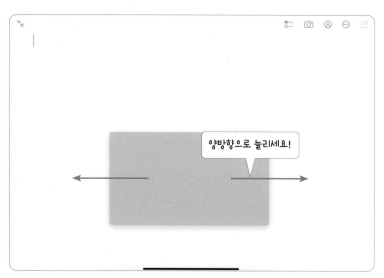

 반대로 키보드 위에서 손가락을 오므리면 다시 유동식 키보드로 전환됩니다.

화면이 터치에 너무 민감하거나 간헐적으로 반응해요!

화면이 너무 민감하게 반응한다면 제일 먼저 디스플레이 표면에 이물질이나 물기가 없는지 확인해 보세요. 이후에도 그대로라면 케이스나 화면 보호 필름 등 아이패드의 모든 액세서리를 분리해 보세요. 그래도 문제가 해결되지 않는다면 아이패드 자체의 고장일 수 있으니 A/S 센터를 방문하세요.

에어드롭이 안 돼요!

블루투스를 켰는지 확인해 보세요! 블루투스를 켰는데도 에어드롭이 되지 않는다면 설정에 문제가 있을 수 있습니다. 사진이나 동영상을 보내는 기기와 받는 기기 둘 다 [Bluetooth 켬]과 [AirDrop 모든 사람에 대해 10분 동안]으로 설정돼 있는지 확인하세요. 한쪽 기기에만 설정돼 있으면 에어드롭 기기가 목록에 나타나지 않아요. 추가로 핫스팟이 연결돼 있다면 핫스팟 대신 와이파이나 LTE 등을 연결해 주세요(데이터를 사용하면 요금이 발생할 우려가 있으니 가급적이면 와이파이 연결을 권장합니다).

아직도 에어드롭이 되지 않나요? 흔한 경우는 아니지만 소프트웨어 버전의 차이가 커도 제대로 작동하지 않을 수 있어요. [설정 → 일반 → 소프트웨어 업데이트]를 탭해 각 기기의 버전을 확인해 보세요. 아직 진행하지 않은 소프트웨어 업데이트가 있다면 해당 업데이트를 통해 두 기기 간의 버전 간격을 최대한 좁혀 보세요.

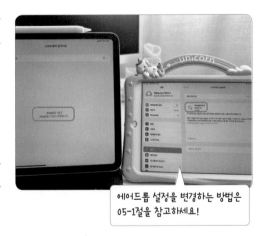

에어드롭 설정을 변경하는 방법은 05-1절을 참고하세요!

하면 된다! } 네트워크 다시 설정하기

기기의 소프트웨어 버전이 비슷한데도 에어드롭이 제대로 작동하지 않는다면 네트워크를 재설정해 보세요.

01 [설정 → 일반 → 전송 또는 iPad 재설정]을 탭합니다.

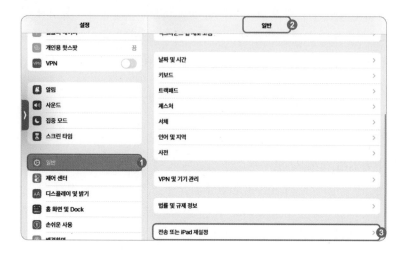

02 [재설정 → 네트워크 설정 재설정]을 탭합니다.

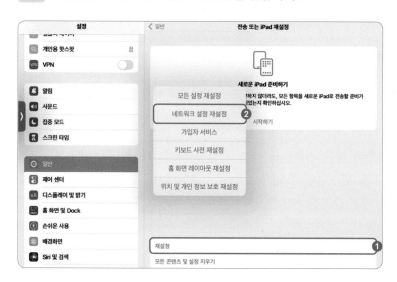

03 아이패드의 전원을 껐다 켜고 와이파이를 재설정합니다.
에어드롭을 다시 실행해 보세요!

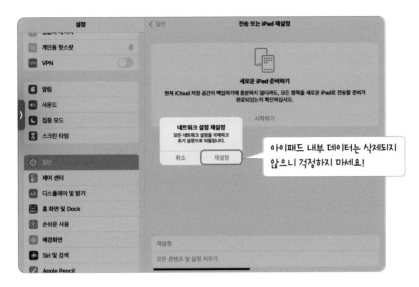

〈한글〉

ㄱ~ㄷ

가족 공유	96
강제 종료	264
강제 재시동	266
계정	25
공통 클립보드	230
교육 할인	14
구글 드라이브	242
구글 캘린더	233
구글 크롬 캐스트	223
구글 포토	243, 282
구글 Keep	245
구독	60
굿노트	171, 195
나의 찾기	275
넘버스	157
네이버 메모	249
네이버 캘린더	237
노타빌리티	174
누끼	199
다이어리	195
다크 모드	82, 115
독	39, 74
돋보기	84
동기화	94
듀얼쇼크	215
드로잉	187

ㄹ~ㅂ

라이다 스캐너	199
루마퓨전	178
메모	141
메일	132
미러링	224
미리 알림	140
방문 기록	104
배터리 성능	20
배터리 잔량	80

배터리 소모	86
백업	267
번역	112
복원	273
분실	275
불량	17

ㅅ~ㅇ

사이드카	225
사파리	100
센드애니웨어	240
셀룰러	13
스캔	145
스크린샷	42, 109
스크린 타임	203
스포트라이트	41
스플릿 뷰	43
슬라이드 오버	43
실행 취소	291
아이메시지	118
아이워크	149
아이클라우드	94, 259
아이튠즈	267
안드로이드	233
압축 해제	286
애플 교육 할인	14
애플 펜슬	48, 288
애플케어플러스	16
앱 스토어	54
앱 전환	43
앱 허용	205
에어드롭	217, 293
에어프린트	177
에어플레이	220
영상 편집	178
오스모	208
워크시트	207
원격 제어	161
원노트	174
원드라이브	244

위젯	70
윈도우	252
유니버설 컨트롤	231
이중 인증	226
이중 탭	50
읽기 목록	102

ㅈ~ㅊ

잠금 화면	31, 53
저장 공간	280
저전력 모드	88
점프 데스크톱	164
제스처	39
제어 센터	76
즐겨찾기	101
초기화	267

ㅋ~ㅎ

카카오톡	126, 239
캘린더	139
키노트	151
키보드	29, 291
텍스트 대치	126
트루 톤	81
팀 뷰어	161
페이지	149
프로크리에이트	187
할 일 목록	144, 246
핸드오프	228
홈 화면	63
화면 분할	43
화면 속 화면	113
화면 주시 거리	204
환불	24, 61

〈기타〉

AR	212
SMB	252
VPN	62

감성으로 산 **맥북, 아이패드** 누구보다 잘 쓰고 싶다면?

애플 생태계에서 완벽하게 살아가는 방법!

된다!
맥북&아이맥 — 맥OS 소노마 판

1시간이면 맥북 적응 완료!
빠르게 배우고 활용하기

쌤쌤티비, 케이트 지음
320쪽 | 18,000원

된다!
사각사각 아이패드 드로잉
with 프로크리에이트

드로잉&캘리그라피&디자인을 한번에!

레이나, 캘리스마인드, 임예진 지음
440쪽 | 24,000원

전 세계에서 활약하는 프로 작가들의 작품을
그대로 따라 그린다!

1권

아이패드 드로잉 & 페인팅
with 프로크리에이트

3dtotal Publishing 지음 | 김혜연 옮김
가격 20,000원

2권

아이패드로 캐릭터 디자인
with 프로크리에이트

3dtotal Publishing 지음 | 김혜연 옮김
가격 20,000원